하나님의 거처

- 한국기독교 국내유적 답사기 2 -

새로운사람들은 항상 새롭습니다.
독자의 가슴으로 생각하고 **독자**보다 한 발 먼저 준비합니다.
첫만남의 **가슴 떨림**으로 한 권 한 권 만들어 나가겠습니다.

하나님의 거처

초판1쇄 인쇄 2009년 1월 6일
초판1쇄 발행 2009년 1월 12일

지은이 박은배
펴낸이 이재욱
펴낸곳 (주)새로운사람들

편집실장 김승주
디자인 이세은
마케팅 · 관리 김종림

ⓒ 박은배, 2009

등록일 1994년 10월 27일
등록번호 제2-1825호
주소 서울 동대문구 신설동
　　　104-22번지 2층 (우 130-812)
전화 02) 2237-3301, 2237-3316
팩스 02) 2237-3389
http://www.ssbooks.co.kr
e-mail/ssbooks@chol.com

ISBN 978-89-8120-384-9(03230)

* 책값은 뒤표지에 씌어 있습니다.

하나님의 거처

박은배 지음

새로운사람들

추천의 글

역사는 근본적으로 이야기이다. 교회의 역사는 하나님께서 교회를 통하여 어떻게 인류를 사랑하셨는가를 알려 주는 이야기이다. 박은배 교장선생님의 이 책은 단지 과거의 기록을 모아 놓은 냉랭한 역사학자의 글이 아니다. 우리는 이 책에서 저자가 얼마나 하나님을 사랑하고, 교회를 사랑하고, 하나님의 일을 하다가 목숨을 버린 믿음의 선배들을 사랑하는지를 잘 알 수 있다. 우리는 이 책에서 인류를 위한 하나님의 사랑을 느낄 수 있다.

필자는 이 책의 원고를 읽으면서 다음 몇 가지에 주목하였다. 첫째, 이 책은 평신도의 손으로 쓰여졌다는 것이다. 사람들은 역사는 전문가의 손에 의해서 쓰여져야 한다고 생각한다. 물론 역사는 전문가의 정확하고 철저한 연구에 의해서 쓰여져야 한다. 하지만 동시에 일반 평신도들이 역사를 통해서 무엇을 보려고 하는지, 그들의 눈으로 본 역사는 무엇인지도 매우 중요하다. 필자는 이 책을 읽으면서 평신도들의 순박한 관점이 보다 하나님이 원하시는 역사관이 아닌가 생각해 보았다.

둘째, 이 책은 단지 기록에 의존한 책이 아니라 발로 현장을 밟으며, 사람을 만나며 얻은 생생한 이야기로 가득 차 있다. 우리는 종종 과거의 기록에만 의존하여 역사를 쓴다. 하지만 우리가 직접 그 현장을 방문하게 되면 전에 생각하지 못했던 것들을 많이 알게 된다. 이 책은 기록에 근거해서 기초자료를 얻고, 발로 현장을 방문해서 내용을 보충하여 썼다.

셋째, 우리는 이 책에서 저자의 모습을 읽을 수 있다. 글은 마음의 표현이다. 따라서 우리는 책을 통해서 저자의 생각을 알게 된다. 우리는 이 책을 통해서 저자가 어떻게 하나님을 만나고, 그것에 대해서 어떤 감사가 넘치고, 그것을 어떻게 다른 사람에게 전하는가를 보게 된다. 우리는 이 책을 통해서 교회의 역사만을 읽는 것이 아니라 이 책 저자의 신앙까지도 읽게 되는 것이다.

지금까지 교회사는 소수의 전문학자의 전유물로 여겨져 왔다. 그러나 하나님은 모든 사람에게 역사에 참여할 수 있는 문을 열어 놓으셨다.

필자는 한국교회에 하나님을 사랑하고, 교회를 소중하게 여기는 평신도 역사가들이 많이 나와서 하나님의 사랑이야기를 보다 많은 사람들에게 알리기를 원한다. 그런 점에서 이 책은 큰 의미가 있다고 생각한다.

2008년 12월
박명수(서울신학대학교 신학대학원장, 교회사)

여는 글

† 이 천국 복음이 모든 민족에게 증거되기 위하여 온 세상에 전파되리니 그제야 끝이 오리라(마태복음 24:14)
† And this good news of the kingdom will be proclaimed throughout the world, as a testimony to all the nations, and then the end will come.

필자에게 의아해 하며 묻는 분들이 많다. "왜 바쁜 교직생활을 하면서 전공분야도 아닌 한국교회의 역사에 용감하게 심취하는가?"

필자의 전공은 생물학Biology이기에 당연한 질문이라고 생각을 한다.

필자는 젊은 날에 마구 살다가 몸에 병이 생겨 약 9년 간 통원치료를 받은 사람이다. 병원을 다녔지만 쉽지가 않아 오산리기도원에서 금식기도 중, 성령의 임재를 체험하고 평생을 학교 현장에서 '신앙교육의 부흥'이라는 목표에 헌신하기로 결단을 하였다.

그 후에 인생의 목표를 이루기 위하여 다양한 활동을 하던 중, 1995년 호주의 멜버른Melbourne에서 열린 세계기독교여자절제회 총회에 참가를 하였다.

그 곳에서 한국의 첫 호주 선교사 데이비스(Joseph Henry Davies, 1856~1890)의 순교 이야기를 동행한 연세대 김정주 박사로부터 처음 듣고, 한국교회의 역사에 눈을 뜨게 되었다. 순간적인 깨달음인 돈오頓悟를 한 것이었다.

데이비스의 순교 이야기는 필자의 의식세계에 시간적인 확장을 가져오게 되었으며, 2년 후에는 미국의 오리건Oregon 주의 포틀랜드Portland에 사는 홍정기 장로의 초청을 받아 10일 간 오리건 주의 곳곳을 여행할 기회가 있었다.

이 여행을 통하여 필자는 '다른 길 위에서 다른 세상을 바라보는 것은 우리의 삶을 좀더 풍요롭고 여유 있게 만드는 것'이며 '다른 사회와 사람에게 관심을 갖게 하는 것'을 배우게 된 기회였다.

국내외의 여행을 통하여 필자의 사고에 공간적인 지경도 상당히 넓어지게 되면서 그 동안에 한국교회 유적답사기를 4번째 쓰게 된 것이다.

글을 쓰기 위하여 국내외의 역사현장을 다니다가 두 가지를 얻었다.

세상의 복잡한 사건들 속에서 하나님께서 개인과 국가 그리고 세계의 역사를 이끌어 가는 방향성이 있다는 것이다.

역사는 기독교의 복음을 세상 끝까지 전하시려는 하나님의 강력한 손길로, 주님이 재림하시어 세상의 왕으로 다스리는 나라가 이루지도록 역사의 맷돌을 쉬지 않고 돌리고 계시다는 것이다.

다른 하나는 **'성경만이 유일한 진리이며, 그리스도는 완전한 하나님이시며 완전한 사람이다'** 라는 진리를 증거하고 보존하고 지켜야 한다는 것이다.

필자는 대한민국의 5,000년의 역사에서 짧은 기간 안에 교회들이 세워져 나간 흔적을 통하여 우리가 반드시 지키고 후대에게 물려주어야 하는 것들을 이야기하고자 한다.

우리는 짧다면 짧고 길다면 긴 인생을 어떻게 보내야 하는가?

사회의 각 분야에서 탁월한 실력으로 이웃과 국가에 공헌을 하면서 주님이 원하는 분야에서 선교 사역을 감당하는 인생이 가장 성공한 인생이라는 생각을 하고 있다.

특히 후배 교사들에게 한 손에는 교과서를 들고 전문성을 높이는 교사가 되는 것과 한 손에는 성경을 들고 신앙교육을 통한 전도와 선교를 하는 생애가 되라고 당부를 하는데, 어느 분야나 마찬가지라고 생각을 한다.

또한 해외 선교사나 신앙 선조들의 생애를 돌아보는 것은 인생의 목표를 세우는 것과 다양한 전략을 세우는 데에 큰 도움이 된다고 생각한다.

인생은 자신의 원칙에 따라 사는 것보다 성경의 토대 위에서 하나님의 뜻에 맞는 인생의 목표를 세우고 그 목표를 이루기 위하여 전략을 세워 실천해 나가는 것이 중요하다고 생각을 한다. 21세기 포스트모더니즘 postmodernism 문화시대에는 조직과 환경, 그리고 원칙들은 변화되거나 변질이 되기가 쉽기에 한국교회의 미래를 짊어질 청소년들이 이 책을 읽고 비전을 갖기를 소망한다.

『한국기독교 유적답사기』를 출간한 지 7~8년 만에 역사현장을 다시 걸어 보니, 많은 변화가 있었기에 다시 책을 쓰기로 한 것이다.

필자는 한국교회가 스스로 걸어온 길과 걸어갈 길을 심도 있게 생각할 때가 되었다고 본다.

이슬람권 연구의 권위자인 미국의 올리베트대 국제총장인 윌리엄 와그너 박사는 이슬람 지도자들은 2020년까지 한국을 아시아의 선교 기지화하려는 전략을 세웠다고 한다.

이슬람은 선교를 '다와Da' Wah'라고 표현을 하며, 선교사를 '다이Daa' i'라고 부르는데, 이슬람 국가 중에는 막대한 오일달러를 가지고 다이들을 유학생으로 보내거나 부자 기독교인으로 가장을 하여 결혼을 시키든지, 모스크를 건립하는 일을 통하여 이슬람의 세계화를 실현하려고 하는 것이다.

영국의 런던에는 1962년에 한 개였던 모스크가 현재는 644개이며 지난 20년 간 전세계에 세워진 모스크가 3만 개가 넘는다고 한다.

이슬람은 21세기에 기독교의 세계 선교를 주도하는 대한민국에 뿌리를 내리는 작업을 시작한 것으로 보인다. 근래 공영방송이 상식 밖의 내용을 4부작으로 만들어 방송을 한 사건의 배후에 막대한 오일머니가 작용한 것이 아닌가 의문을 갖게 된다.

한국교회는 1866년 9월 5일에 영국의 토머스 선교사가 대동강변에서 첫 순교의 피를 흘린 이래 약 2,600여 명의 순교자들의 피 위에 세워졌다.

오늘날 교회와 사회의 번영 뒤에는 이런 희생과 헌신의 피와 땀이 있다는 것을 늘 기억하고 후대에게 가르치는 일은 무엇보다 중요한 것이다.

한국교회는 선조들의 순교정신을 이어받아 성경의 진리를 담대히 지키고 북한지역에 무너진 2,200여 개의 제단을 회복하는 사명이 있는 것이다.

  2,800여 년 전 번영하던 북이스라엘의 선지자 아모스(Amos, ?~?)가 이스라엘 백성들에게 신앙의 순수성을 회복하지 않으면 멸망한다고 경고한 것을 기억하고 우리도 하나님의 말씀 앞에서 변화를 받아야 하는 것이다. 이 책이 나오기까지 수고하신 '새로운사람들'의 이재욱 사장, 김승주 실장께 감사드리며 부족한 사람을 통하여 일하시는 여호와 하나님께 모든 영광을 돌린다.

† 보라 내가 속히 오리니 내가 줄 상이 내게 있어 각 사람에게 그의 일한 대로 갚아 주리라 나는 알파와 오메가요 처음과 나중이요 시작과 끝이라 그 두루마리를 빠는 자들은 복이 있으니 이는 저희가 생명 나무에 나아가며 문들을 통하여 성에 들어갈 권세를 얻으려 함이로다 개들과 술객術客들과 행음자들과 살인자들과 우상 숭배자들과 및 거짓말을 좋아하며 지어내는 자마다 성밖에 있으리라 나 예수는 교회教會들을 위하여 내 사자使者를 보내어 이것들을 너희에게 증거하게 하였노라 나는 다윗의 뿌리요 자손이니 곧 광명한 새벽별이라 하시더라(요한계시록 22:12-16)

2008년 12월
강화도 한국교회 첫 순교자 토머스 기념관에서
박은배

차례

추천의 글_박명수(서울신학대학교 신학대학원장, 교회사) / 4
여는 글 / 6

1. 대전-충청도 지방의 유적을 찾아서
  *1*_린튼의 한남대와 오정동梧井洞 선교사촌Evangelists Village / 18
  *2*_해외 선교사들의 희생으로 세워진 공주제일교회 / 22

2. 리드(C. F. Reid, 한국명 이덕)의 Bible Road
  *1*_한양 가던 옛길에 세워진 고양감리교회 / 30
  *2*_리드와 광희문교회 / 36

3. 하디(R.A. Hardie, 한국명 하리영)의 Bible Road
  *1*_철원의 장흥교회 / 42
  *2*_지경터교회의 옛 터전 / 46
  *3*_철원제일교회(철원읍교회)의 터를 찾아서 / 50

4. 강원도지역 유적답사
  *1*_무스(J.R. Moose, 한국명 무야곱)와 춘천의 모교회 춘천중앙교회 / 54
  *2*_원주의 모교회, 원주제일교회 / 59
  *3*_서미감병원과 원주기독병원 / 62

5. 포항과 울릉도 유적답사
  *1*_일본에서 복음이 들어온 특이한 역사, 포항 대송교회 / 66
  *2*_울릉도 Mission Road를 걷다 / 73

| 하나님의 거처 |

6. 제주도 유적답사
제주도 기독교 역사유적 답사기 / 78
*1*_제주도의 첫 예수 공동체, 금성교회 / 81
*2*_이기풍 목사와 성안교회 / 87
*3*_성내교회를 찾아서 / 91
*4*_이기풍 선교기념센터 / 94
*5*_제주도의 첫 순교자 이도종 목사의 대정교회 / 98
*6*_군복음화의 역사현장 강병대교회 / 103

7. 순교지 유적답사
*1*_한국기독교 순교자기념관 / 108
*2*_23명이 순교한 제암리교회 / 113
*3*_순교자 주기철 목사와 웅천교회 / 119
*4*_'사랑의 원자탄' 손양원 목사의 순교터 애양원 / 126
*5*_한국교회 최대 77명의 순교 유적지, 염산교회 / 133
*6*_전교인 65명이 모두 순교한 영광 야월교회 / 140
*7*_보물섬 증도의 문준경 전도사의 순교지 / 145

8. 독립운동 유적지
*1*_민족의 고난을 배우는 서대문독립공원西大門獨立公園 / 154
*2*_도산 안창호기념관島山安昌浩記念館의 도산공원 / 163

3_남강 이승훈의 신앙과 오산학교 / 170
　　4_무궁화꽃으로 피어나는 남궁억의 한서교회 / 176
　　5_유관순柳寬順의 신앙과 열정의 매봉교회 / 182
　　6_군산 3·5 만세운동의 진원지, 군산 구암교회 / 189
　　7_4·4 만세항쟁과 남전교회 / 193

9. 한국의 호주 선교사 유적답사
　　1_부산지역의 호주 선교사의 발자취 / 202
　　2_통영에서 찾는 호주 선교사의 발자취 / 213
　　3_마산, 진주, 거창의 호주 선교사의 발자취 / 218

10. 호주 선교사 고향의 유적답사
　　1_호주 선교사들의 위대한 유산 / 226
　　2_호주 첫 장로교회인 에벤에젤 교회를 찾아 / 240

11. 기독교 박물관 답사
　　1_성서세계의 비전을 가꾸는 국제성서박물관 / 244
　　2_역사의 보고寶庫 숭실대학교 한국기독교박물관 / 251
　　3_10만여 점의 자료가 있는 한국기독교역사박물관 / 255
　　4_한국기독교 선교 역사박물관 The Historical Museum of Korean Christian Mission / 262

12. 농촌계몽운동 유적지
　　1_최용신 선생의 상록수常綠樹가 있는 샘골교회 / 268
　　2_에덴의 이상촌理想村, 김용기 선생의 가나안 농군학교 / 274

| 하나님의 거처 |

| 1권_하나님의 호흡 차례 |

1. 첫 성경 도착지와 첫 해외 선교사 그리고 첫 순교자 유적지
1_첫 성경 도착지, 마량진馬梁鎭 / **2**_첫 해외 선교사 귀츨라프 도착지, 고대도 교회 / **3**_첫 순교자, '토머스 기념관'

2. 한국 전통양식의 교회 유적지
1_복원된 한국의 첫 교회, 소래교회 / **2**_'ㄴ'字형의 한옥교회, 자천교회 / **3**_머슴출신 총회장 이자익 목사와 'ㄱ'자 예배당 금산교회 / **4**_부자富者 박재신과 'ㄱ'자 예배당, 두동교회

3. 인천지역 유적답사
1_인천 기독교 선교 100주년 기념탑 / **2**_아펜젤러와 인천 내리교회 / **3**_한국의 첫 초등학교, 영화학교 / **4**_맹인의 세종대왕 송암 박두성 기념관

4. 강화도와 서해 섬지역 유적답사
1_성공회 강화읍성당 / **2**_인천 내리교회의 존스G. H. Jones 목사와 강화도 첫 교산교회 / **3**_전도열정이 넘치던 홍의교회 / **4**_강화도의 예루살렘, 강화중앙교회 / **5**_달우물동네에 복원된 교동교회 / **6**_기독교 토착화의 역사, 주문도 서도중앙교회 / **7**_자생적으로 생긴 교회공동체, 백령도 중화동교회

5. 서울지역 유적답사(1)
1_해외 선교사들의 안식처 외국인묘지 / **2**_한국교회 역사의 원류源流, 서울 정동 / **3**_캠벨Mrs. Josephine Campbell과 배화학교

6. 서울지역 유적답사(2)
1_가장 낮은 자와 아픔을 같이한, 무어선교사와 승동교회 / **2**_연못골에서 시작한 복음의 향기, 연동교회 / **3**_민족운동의 요람인 상동교회 / **4**_선한 사마리아인의 사랑 위에 세워진 아현교회

7. 언더우드H.G. Underwood의 Bible Road
언더우드의 발자취를 따라서 / **1**_언더우드의 역사가 살아 숨쉬는 새문안교회와 연세대학교 / **2**_복원된 첫 서양병원 광혜원廣惠院 / **3**_언더우드와 경신학교 / **4**_김포제일교회의 설립과 언더우드의 역할 / **5**_언더우드와 능곡장로교회

8. 베어드(W.M. Baird, 한국명 배위량)의 Bible Road
1_부산의 모母교회, 부산초량교회 / **2**_베어드가 세운 숭실대학교

9. 애덤스(James E. Adams, 한국명 안의와)의 Bible Road
1_대구의 모교회, 대구제일교회 / **2**_양반골에 세워진 안동교회

10. 충북지역 유적답사
    1_주막에서 시작한 충북 첫 교회, 신대교회 / **2**_밀러(F.S. Miller, 한국명 민노아)와 청주시 탑동의 양관洋館 / **3**_충주시忠州市의 첫 교회인 충주제일교회

11. 전라도지역 유적답사(1)
    1_유진 벨과 목포 양동교회 / **2**_빛고을의 첫 교회 양림교회

12. 전라도지역 유적답사(2)
    1_전주 최초의 교회인 서문교회 / **2**_전킨W.M. Junkin과 기전학교와 신흥학교 / **3**_변요한Dr. Preston 선교사와 순천중앙교회 / **4**_노고단 한국주재 선교사 수양관 / **5**_고라복 선교사의 광양읍교회 / **6**_땅끝 마을에 세워진 해남읍교회

| 3권_하나님의 지문 차례 |

1. 한국교회 첫 순교자 토머스 선교사의 자취를 찾아서
   대대로 주님을 섬기며 100년을 훌쩍 넘기다 / 성령님의 인도를 받고 런던으로 향하다 / 조선의 대동강 기슭에서 순교한 토머스 선교사 / 토머스 선교사의 순교와 한국교회의 소명 / 역사의 창 / 쉼터에서 – 공식적인 선교 역사 이전의 선교사들 이야기

2. 한글성경을 번역한 로스 선교사의 바이블 로드Bible Road를 찾아서
   토머스 선교사의 희생을 뒤따르다 / 심양의 동관교회를 찾아서 / 최초의 한글성경 이야기 / 한글성경이 국내로 들어오는 이야기 / 서상륜과 소래교회 이야기 / 역사의 창

3. 일본에서 성경을 한글로 번역했던 이수정 선생의 발자취
   한국교회의 선구자 이수정 선생과 시바교회 / 130년 역사의 시바교회를 찾아서 / 이수정과 언더우드 선교사 / 이수정은 누구인가? / 이수정의 불가사의한 최후 / 역사의 창

4. 민주주의와 자주독립의 씨앗을 뿌린 서재필 박사의 발자취를 찾아서
   문화 전도사 서재필 박사 / 필라델피아 서재필기념재단, 펜실베이니아주 / 선각자의 파란만장한 삶과 열정 / 서재필과 독립자주 정신의 고취 / 시공을 초월하는 거인의 영향력 / 역사의 창

5. 우리 민족이 해외에 세운 최초의 교회
   주님의 은혜를 체험하며 / 하와이대학교 한국학연구소 / 미국과 하와이로 이주했던 최초의 이민자 이야기 / 그리스도 연합감리교회와 하와이 사탕수수 농장 이야기 / 사진으로 맞선 본 신부 이야기 /

| 하나님의 거처 |

그리스도 연합감리교회의 역사 / 역사의 창

6. 사탕수수 농장의 애환을 담은 하와이의 유서 깊은 교회
기도의 중요성 / 현지에서 들은 하와이 이야기 / 번성하던 와히아와의 올리브 감리교회 이야기 / 와일루아의 사탕수수 농장 / 올리브 감리교회의 첫 출발 / 올리브 감리교회의 항일 독립운동 / 오늘의 올리브 감리교회, 다문화 교회로 / 초기의 이민자들이 묻힌 푸우이키 묘지를 방문하다 / 역사의 창 / 쉼터에서 – 하와이 이민자들의 첫 숙소 모쿨레이아 이야기

7. 1세기 전에 동양식 건축양식으로 세워진 성공회 교회
1905년에 개척된 역사적인 성공회 교회 / 하와이의 성공회 교회 역사와 한인 이민의 역사 / 한민족의 신앙 열정과 21세기 세계 선교 / 역사의 창

8. 해외 독립운동의 본산 한국독립문화원
해외 독립운동의 흐름과 하와이 / 하와이의 독립운동가들 / 독립운동과 민족의 자부심 / 역사의 창

9. 초대 대통령 이승만이 세운 역사적인 교회
지구촌의 한인교회 4,449개 / 해외 선교사 13,000명 시대 / 한인기독교회와 초대 대통령 이승만 박사 / 한인기독교회의 출발 / 이승만 박사의 생애와 미국에서의 활동 / 미래를 여는 지도자의 비전 / 역사의 창 / 쉼터에서 – 1. 진주만Pearl Harbor, 애리조나 기념관Arizona Memorial Park, 미조리 호 USS Missoury 2. 펀치 볼 국립묘지Punchbowl National Memorial Cemetery

10. 중국 북간도교회의 뿌리가 된 용정 명동교회를 찾아서
간도 이야기 / 명동촌 이야기 / 정재면 목사의 역할 / 간도의 대통령 김약연 목사 / 역사의 창 / 쉼터에서 – 간도 이야기

11. 북간도 최초의 기독교학교 서전서숙을 찾아서
기적을 나타내는 민족의 길 / 서전서숙과 이상설 / 헤이그 밀사사건 / 용정 이야기 / 일송정 이야기 / 북한 땅 바라보기 / 역사의 창

12. 기독교 기관들이 모여 있었던 용정의 영국 조계지 터를 돌아보며
역사적인 기독교 선교의 유적 / 중국의 미전도 종족을 향한 복음화 전략 / 기독교 선교부와 관련 기관들 / 김좌진 장군 이야기 / 역사의 창 / 쉼터에서 – 고구려 역사 지키기

13. 만주 최초의 성결교회 용정기독교회당
만주, 북간도, 용정 / 용정기독교회당을 찾아서 / 용정의 기독교 역사 이야기 / 용정의 학교 역사 이야기 / 백두산 천지를 향하여 / 역사의 창 / 쉼터에서 – 성결교회의 부흥회 이야기

14. 맑은 시심으로 살다 간 윤동주 시인의 발자취를 따라
    민족시인과 삶의 무게 / 윤동주와 송몽규의 생가 복원 / 윤동주의 문학 이야기 / 시인 송몽규 이야기 / 역사의 창

15. 해외에서 일어난 최대 규모의 3·13 반일 만세운동 유적지를 찾아서
    3·13 용정 만세운동 / 용정 일대의 독립운동 역사 / 15만 원 탈취사건 / 간도의 일본 관동군총사령부 청사 / 고구려의 옛 터전이었던 만주 땅 / 역사의 창

16. 한국인이 일본 땅에 처음 세웠던 동경교회
    하나님의 긍휼이 우리 민족에게 임하다 / 동경교회 1세기의 역사를 더듬으며 / 김정식 총무와 조만식 선생님 이야기 / 일본과의 아픈 역사를 극복하고 / 역사의 창 / 쉼터에서 – 독도 사태는 일본 선교의 기회

17. 일본 선교의 출발지 재일한국YMCA회관
    한류 열풍과 일본 선교 / 일본 선교의 역사와 현재 / YMCA 운동의 역사 / 재일한국YMCA회관 / 2·8 독립운동 이야기 / 역사의 창 / 쉼터에서 – 스페인의 신부 세스뻬데스 이야기

18. 한인 노동자들로 시작한 고베교회의 역사
    징용의 고달픔을 씻어 주는 복음 / 고베교회의 첫걸음 / 영재형 목사와 김치선 목사 이야기 / 고베 시립외국인묘지 / 고베 대지진 이야기 / 역사의 창 / 쉼터에서 – 한국과 일본 양국 기독학생·청년들의 '코스타 재팬' / 간단한 일본어 인사법

19. 우리나라 유학생들이 세운 역사적인 교토교회를 찾아서
    고도古都 교토의 한인교회 / 교토의 기독교 역사 / 동지사대학의 윤동주 기념비 / 교토와 노벨상의 인연 / 역사의 창 / 쉼터에서 – 교토와 도쿄, 수도 이전의 지혜

20. 역사의 고장에 세워진 오사카 한인교회
    일본 제2의 도시 오사카의 한인교회 / 오사카교회의 역사 / 역사의 창 / 쉼터에서 – 오사카 성

21. 박관준의 신사참배 반대운동의 현장, 일본제국 국회의사당을 돌아보며
    신사참배 강요와 순교의 역사 / 박관준 장로의 순교 역사 / 메이지신궁 이야기 / 기독교 유적답사의 중심은 오직 그리스도의 십자가 / 역사의 창 / 쉼터에서 – 한국교회의 신사참배 사건

22. 몽골에 바친 한인 슈바이처 이태준 선생의 생애를 돌아보며
    강화의 고려시대 역사유적들 / 몽골을 향하여 / 세계를 경영하던 몽골 / 몽골을 향한 하나님의 섭리 / 역사의 창 / 쉼터에서 – 몽골의 기독교 상황

1
대전-충청도 지방의 유적을 찾아서

1_린튼의 한남대와 오정동梧井洞 선교사촌Evangelists Village
2_해외 선교사들의 희생으로 세워진 공주제일교회

오정동 선교사촌

1 린튼의 한남대와 오정동梧井洞 선교사촌Evangelists Village

대전시 대덕구 오정동 133-2 한남대학교
☎ 042-629-7114
한남대학교: www.hannam.ac.kr

† 이에 예수께서 제자들에게 이르시되 아무든지 나를 따라 오려거든 자기를 부인하고 자기 십자가를 지고 나를 좇을 것이니라(마태복음 16:24)

대전의 한남대학교 앞을 자주 지나다니면서도 린튼가家의 한국 사랑의 이야기가 묻혀 있는 곳을 모르고 지냈다.

린튼가家의 5대에 걸친 한국화韓國化

린튼(William Alderman Linton, 1891~1960, 한국명 인돈)은 전라도 지방의 선교를 개척한 유진 벨의 사위이며, 선교를 위하여 6·25 전쟁 직후에 대전역 가까운 오정동에 대전대학을 설립하였다. 후에 대전대학은 한남대학교로 개칭이 되었다.

린튼의 아들 휴 린튼 부부는 순천에서 결핵을 퇴치하기 위하여 요양소를 세우는 등 전남지방의 선교에 지대한 영향을 끼치다가, 뜻하지 않은 교통사고로 세상을 떠나게 되었다. 안타까운 것은 교통사고 후에 조금만 일찍 병원으로 후송이 되었다면 목숨을 건졌을 것이었다. 휴 린튼의 사망은 우리나라의 긴급환자 후송체제를 새롭게 만드는 데 큰 영향을 끼쳤다. 휴 린튼의 아들 스티브 린튼과 존 린튼은 '유진 벨 재단'을 만들어 북한동포를 돕는 일을 지금도 계속하고 있다.

미국 출신의 린튼가 사람들은 5대에 걸쳐 한국에서 살면서, 자녀들이 한국인과 결혼을 하는 등 한국 문화를 즐기는 사람들이 되었다.

연세대학교 세브란스병원 외국인 진료소장을 맡고 있는 존 린튼은 국내에서 의사면허증을 받은 유일한 외국인이기도 하다. 그를 만나 보면 한국말을 매우 잘하고 자신의 집안의 업적을 드러내는 것을 거절하는 등 겸손함을 보여 주는 사람이다.

5대에 걸친 린튼가 사람들의 한국화韓國化는 예수 그리스도의 생명을 전하기 위하여 해외로 나아가는 사람들에게 시사하는 바가 크다. 선교는 선교 대상국의 문화를 지배하고 침투하는 것이 아니고 단순하고 기쁜 마음으로 예수님이 구세주라는 복음과 그의 살아 계심을 전하는 것이다.

"불은 타오름에 의해 존재하고 교회는 선교사명에 의해 존재한다."

에밀 브루너의 말이다. 기독교 신앙의 핵심은 선교사명에 있다.

인돈 동산에는 설립자, 린튼의 동상이 서 있다.

중동의 삭막한 문화적인 배경에서 하층민으로부터 시작한 기독교는 온 세상에 펴져 나갔다. 오늘날 세계적인 3대 종교라는 말이 있지만 사실 세계적인 종교는 기독교뿐이라고 말할 수가 있다. 불교나 이슬람교는 발생지역을 벗어나 범세계적인 문화 속에 침투해 들어가지 못하고 있는 것이다.

예수님은 선교사명을 비유로 말씀을 하실 때 빛과 소금 그리고 누룩이라는 말을 하셨다. 이것은 문화적인 침투라는 개념이 들어 있는 말이다. 하나님은 인간 모두를 사랑하신다. 그러므로 선교 대상국의 문화에 침투하여 문화적 개종을 강요하는 것은 하나님의 구원행위를 방해하는 짓이다. 문화적 제국주의를 배격하고 겸손하고 담대하게 예수님을 전하는 것이 선교라고 생각한다. 그래서 린튼가家의 5대에 걸친 한국화의 사례가 교회역사에서 의미가 있다는 생각을 하는 것이다.

한남대학교의 정문을 통과하여 곧장 올라오면 붉은 벽돌의 건물 앞에 인돈 동산을 만나게 되는데, 공원 안에는 인자한 모습의 린튼의 동상이 세워져 있다. 후문 쪽으로 나가면 인돈학술원이라는 간판과 한옥 네 채를 볼 수가 있다. 이곳의 건물들은 1955년에서 1958년 사이에 지어진 건물들로 북쪽의 3채는 대전시에서 문화재자료 제44호로 지정하여 보호를 하고 있다.

인돈학술원은 숲 속에서 아름다운 자태로 자리하고 있다.

　1990년 초에 해외 선교사들이 모두 떠나자 이들이 사택으로 사용하던 건물 중에 한남대 설립자 린튼을 기념하는 인돈학술원을 개원하였고, 이곳에 구한말舊韓末과 초기 기독교 관련 역사자료들과 유물들을 보관, 전시하고 있다. 또한 이 건물들은 1950년대의 시대상을 반영하고 있으며, 서양식 건축양식에 한국식 건축양식을 도입한 모습을 볼 수가 있다.

　인돈학술원 부근에 교회와 외국인학교 그리고 대전신학대 등 기독교 관련기관들이 많은 것을 보면 과거에 선교사들이 자리를 잡으면서 부지를 많이 확보한 것을 알 수가 있다. 역시 모든 일에 성공을 하려면 확실한 비전과 전략이 필요한 것이다.

　다음은 대전에서 가까운 공주시의 기독교 유적을 답사하려고 한다.

공주제일교회의 모습

2 해외 선교사들의 희생으로 세워진 공주제일교회

충남 공주시 신관동 5 ☎ 041-856-4884

공주영명고등학교: ☎ 041-854-3382

www.ymhigh.or.kr

†네 눈을 들어 사면을 보라 무리가 다 모여 네게로 오느니라 네 아들들은 원방에서 오겠고 네 딸들은 안기워 올 것이라 그때에 네가 보고 희색을 발하며 네 마음이 놀라고 또 화창하리니 이는 바다의 풍부가 네게로 돌아오며 열방

의 재물이 네게로 옴이라(이사야 60:4-5)

백제의 옛 수도였던 공주公州는 금강을 끼고 있으며, 계룡산에 둘러 있는 아름다운 고도古都이다. 신라의 고도인 경주慶州에 버금가는 유서 깊은 역사의 도시이며 전통문화가 일찍 일본에 전하여진 곳이다. 공주는 다른 지역에 비하여 유교적인 전통이 강한 도시이고 행정과 교육의 중심도시였다. 그래서 어느 곳보다도 지식인과 부호富豪들이 많이 거주하였던 곳이라고 한다.

공주는 경부선 철도가 놓여질 때, 공주를 통과하게 된 공사계획을 주민들이 반대하는 바람에 대전大田으로 설계가 변경되어, 대전은 크게 발전을 하였으며 도청소재지까지 공주에서 대전으로 옮겨지게 되었다.

근래 행정복합도시가 인근에 만들어지고 있어 발전의 기회를 다시 맞고 있다. 늘 개인이나 사회 그리고 국가도 환경의 번영은 구성원들의 긍정적인 의식이 좌우한다고 믿고 있다. 긍정적인 사람이 되기 위해서는 유연성柔軟性Flexibility을 갖는 것이 매우 중요한데, 그 유연성은 변화에 개방적인 태도를 보이는 것이며, 자기만의 방식을 고집하지 않고 다른 사람의 의견과 생각을 존중하는 것이다.

유연성을 가지고 일을 하면 창조적인 길이 새롭게 열리는 경험을 하게 되며, 또 잘못된 습관을 버리고 새로운 방법을 익히게 된다. 유연성은 우리가 보다 나은 방향으로 계속 발전을 하게 도와주는 것이다.

근래 공주시 출신으로 미국으로 일찍 진출하여 세계적인 선수로 활동을 하는 골프의 박세리와 야구의 박찬호가 모두 공주 출신들이다. 두 사람은 모두 자신의 자질을 살리고 노력도 많이 하였지만, 참으로 유연성이 강한 젊은이라고 생각을 한다.

공주를 여행하는 분들이 대개는 계룡산의 갑사나 동학사, 국립 공주박물관을 들리거나 옛 백제시대의 고분古墳을 보고 가지만, 크리스천들은 꼭 영명학교에 들릴 것을 권하고 싶다.

영명학교는 미국의 북감리교회에서 파송한 해외 선교사들의 헌신으로 세워진 학

영명학교

교로서, 前 공주박물관 자리(현재 충남역사박물관)의 우측 비탈길을 조금만 오르면 학교가 있는데, 공주 시내를 한 번에 내려다볼 수 있는 높은 위치에 있다.

어떤 분들이 공주시에 와서 복음화를 위하여 헌신을 하였을까?

해외 선교사들이 공주에 와서 처음 복음을 전한 때는 1898년이다. 먼저 미국 북감리교회의 스웨어러(W.C. Swerrer, 한국명 서원보) 선교사가 공주를 비롯한 충남지역을 순회하며 선교를 하였다. 이어서 1903년부터 의료선교사인 맥길W.B. McGill이 파송되어 첫 교회인 공주읍교회(현 공주제일교회)를 세웠으며, 1906년 2월에는 샤프 Robert Arthur Sharp 선교사가 공주로 파송되었다. 샤프 선교사가 1906년 3월에 병에 걸려 젊은 나이에 사망하고, 1906년 10월에 윌리엄(F.E.C. William, 한국명 우리암) 선교사가 공주에 파송되어 일을 하였다.

공주읍교회의 설립과정을 더듬어 보고자 한다.

맥길이 1903년 7월에 공주에 와서 이용주 전도사와 함께 공주읍 내 하리동에 초가 두 채를 구입하여 교회와 진료소를 세우니, 공주 최초의 공주읍교회가 세워진 것이다.

공주읍교회는 현재 공주제일교회로 발전을 하였는데, 건물은 1930년대에 지은 건

영명학교 개교 100주년 기념탑

물이 6·25 전쟁 때 파괴되었고, 1956년 교회를 재건할 때 당시의 벽돌을 잘 활용하여 지었다고 한다.

맥길 선교사에 이어 1906년 2월에 공주에 온 샤프 선교사 부부가 공주에 상주하면서 선교부의 개설과 함께 본격적인 선교사업을 전개하게 된다. 샤프 선교사의 부인 사애리시는 1905년에 명선여학당을 세웠으며, 후에 영명여학교가 되었다. 샤프 선교사의 부인의 이름은 앨리스 하몬드(Alice J. Hammond, 한국명 사애리시)로 남편인 샤프 목사가 돌아가신 뒤에도 혼자서 여성교육에 헌신하여 논산의 영화여학교, 강경의 만동여학교를 설립하였다.

한국의 풍속을 몰라 당한 샤프 선교사의 죽음

샤프 선교사가 1906년 갑자기 세상을 떠나게 된 이유는 한국의 풍속을 모르고 사역을 하다가 일어난 비극적인 일이었다.

1906년 2월, 공주에 온 젊은 샤프 선교사는 논산과 강경 등지를 순회하며 복음을 전하던 중에 갑자기 시골길에서 진눈깨비를 만나게 되었다. 이에 당황한 샤프는 급

유관순 열사가 영명학교를 다니다가 이화학당으로 옮겼다.

히 피할 곳을 찾다가 멀리 보이는 초가집을 보고 생각 없이 뛰어들었다. 그 초가는 바로 시체를 실어 나르던 상여(喪輿)를 보관하는 집이었는데, 샤프 선교사는 장례 풍속을 전혀 모르고 초가에 들어갔던 것이었다. 마침 그 상여는 며칠 전 장티푸스로 사망한 사람을 장례 지낸 상여였기에 장티푸스균이 묻어 있던 상태였다. 그곳에서 돌아온 샤프는 장티푸스에 걸려 심한 복통과 설사 그리고 고열로 앓다가, 사애리시 여사의 간호에도 불구하고 1906년 3월 5일 당시 34세의 젊은 나이로 세상을 떠나 영명학교 뒷산에 묻혔다.

샤프 선교사가 공주 하리동에 아름다운 빨간 벽돌집을 짓고 신혼생활을 시작하자마자 하나님의 품으로 갔

영명학교에 있는 '신교육 발상지' 표석과 사애리시 선교사의 업적을 기리는 기념비

으니 부인인 사애리시 선교사의 고통은 얼마나 컸겠는지 짐작을 해본다.

사애리시는 미국으로 건너갔다가 2년 후 다시 와서 남편이 하지 못한 충청지방의 선교에 큰 공헌을 남겼다.

샤프 선교사의 사망으로 인하여 공주 선교가 위기에 닥치게 되자, 1906년 10월에 윌리엄이 공주시에 파송되었다. 윌리엄은 10월 15일에 배재학당 출신 윤성열을 교사로 초빙하여 닫힌 학교의 문을 열게 되었다. 그래서 영명학교는 윌리엄 선교사에 의하여 1906년 10월 15일에 설립한 학교로 기록되고 있다.

2006년 10월 15일 영명학교는 설립 100주년을 맞아 대대적인 행사를 치렀다. 영명은 100년 동안 한국사회에 훌륭한 지도자들을 많이 배출하였는데, 정치인 조병옥 박사, 유관순 열사, 중앙대학교를 설립한 임영신 박사도 영명학교 출신이다.

본관 앞에 세워진 개교 100주년 기념비 앞에는 설립자 윌리엄 선교사의 흉상과 함께 영명여학교에서 1914년에서 1916년까지 공부한 유관순 열사의 동상도 세워져 있다. 기념비 뒤쪽에는 '신교육 발상지'라는 표석과 영명여학교를 설립한 샤프 선교사의 부인인 사애리시 선교사의 업적을 기리는 기념비도 같이 세워져 있다.

이 땅의 구석구석을 다니면서 하나님께서 사람들을 통하여 대한민국을 아름다운 민

1. 대전-충청도 지방의 유적을 찾아서 27

주주의의 경제대국으로 만들어 가시는 손길을 확인하며 감사하고 감격을 하고 있다.

2008년 4월 말 필리핀의 수도 마닐라에서 4시간 거리의 바탄Bataan주에서 열린 '교회지도자 영성컨퍼런스'에 참석하여 '순교영성'을 전하는 시간을 가졌다. 주기철 목사를 비롯한 한국교회의 순교자들의 영성靈性이 필리핀 교회의 성장에 큰 영향을 끼칠 가능성을 보고 왔다. 과거에 우리나라에 온 샤프 선교사 같은 많은 해외 선교사들의 희생과 은혜를 조금이나마 갚은 것 같아 기쁜 마음으로 비행기에 올랐다.

다음은 미국 감리교회에서 파송한 리드 선교사의 자취를 찾고자 한다.

† 예수께서 나아와 일러 가라사대 하늘과 땅의 모든 권세를 내게 주셨으니 그러므로 너희는 가서 모든 족속으로 제자를 삼아 아버지와 아들과 성령의 이름으로 세례를 주고 내가 너희에게 분부한 모든 것을 가르쳐 지키게 하라 볼찌어다 내가 세상 끝날까지 너희와 항상 함께 있으리라 하시니라(마태복음 28:18-20)

2
리드(C. F. Reid, 한국명 이덕)의 Bible Road

1_한양 가던 옛길에 세워진 고양감리교회
2_리드와 광희문교회

고양감리교회 현재 모습

1 한양 가던 옛길에 세워진 고양감리교회

경기도 고양시 덕양구 고양 51-1
☎ 031-963-3295 www.goyangkmc.org

고양감리교회 옛 건물 모습

†눈의 아들 여호수아가 싯딤에서 두 사람을 정탐으로 가만히 보내며 그들에게 이르되 가서 그 땅과 여리고를 엿보라 하매 그들이 가서 라합이라 하는 기생의 집에 들어가 거기서 유숙하더니 혹이 여리고 왕에게 고하여 가로되 보소서 이 밤에 이스라엘 자손 몇 사람이 땅을 탐지하러 이리로 들어왔나이다 (여호수아 2:1-2)

백제관터에는 추춧돌만 남아 있어 큰 건물이었던 것을 보여 주고 있다.

고양시 고양동은 예부터 조선과 중국을 잇던 중요한 교통의 요지였는데, 지금도 그 흔적인 벽제관터가 남아 있다. 조선과 중국을 왕래하던 사신使臣들이 쉬어 가던 곳이며, 한양과 개성을 잇는 옛길이 있던 고양동에도 108년 전에 교회가 세워진 역사가 숨어 있다.

이곳에 교회가 처음 세워진 때는 1897년 5월 2일로, 어른 24명과 유아 3명으로 교회공동체가 시작되었으며, 미국 남감리교회에서 한국에 세운 최초의 교회이다.

조선시대 개화파에 속한 윤치호(尹致昊, 1865~1945)와 리드(C.F. Reid, 1849~1915, 한국명 이덕)가 협력하여 세운 교회이다.

선각자 윤치호는 누구인가?

윤치호 같은 사람이 예수님을 믿고 기독교의 진리에 굳게 섰기에 해외 선교사들이 조선 땅에 교회를 세워 나가는 데 큰 도움을 받게 되었다.

선각자先覺者인 윤치호는 17세인 1881년 신사유람단의 수행원으로 일본에 건너가 최초의 동경유학생이 되었다. 그는 일본에서 근대학문과 발전상을 보고 당시 일본에 체류 중인 김옥균을 비롯한 개화파와 동지관계를 맺었다.

윤치호는 1883년 초대 주한 미국공사 푸트Lucius H. Foote의 통역관으로 귀국하여 고종과 개화파 등과 '파이프라인'의 역할을 하였다. 1884년 12월에 서재필, 박영효, 김옥균 등과 함께 청나라와 가까운 수구파들을 몰아내고 개혁을 하려고 갑신정변甲申政變을 일으켰으나 3일 만에 실패, 1885년 20세의 나이로 중국 상해로 망명을 하게 된다. 그 곳에서 미국 남감리교회에서 세운 중서서원에서 공부를 하다 기독교 신자가 되었으며, 이어 미국으로 건너가 에모리대학에서 학업을 계속하였다.

미국에서 상해를 거쳐 귀국한 윤치호는 개화되지 않은 조선인들을 깨우는 길은 기독교의 힘이라고 믿고 정동교회에 다니면서 아펜젤러와 깊은 친분을 유지하였다. 배재학당에서는 강의를 하고 독립신문의 사장 일도 맡아 보게 되었다.

미국의 남감리교회는 윤치호의 주선으로 남송현(현 서울 한국은행 본점자리)에 선교기지터를 마련하게 되었다.

남감리교단 최초의 리드 선교사 부임

선교기지가 마련이 되자 1896년 8월 리드 선교사가 상해에서 한국으로 부임을 하였으며, 콜리어Charles T. Collyer와 캠벨(Josephine P. Campbell, 1852~1920)에 이어 캐나다 출신의 의사인 하디R.A. Hardie가 1898년 5월에 감리교회의 한국 선교사로 들어오게 되었다.

미국 북감리교회의 스크랜튼은 상동교회의 김주현과 김홍순을 리드 선교사의 동역자로 붙여 주었다. 리드가 그들을 서울 북방의 고양, 벽제지역에 보내어 1년 간 책을 팔며 전도를 하게 한 결과 첫 남감리교회가 고양동에 세워지게 된 것이었다.

1897년 2월에 장년 24명과 소년 3인이 세례를 받고 교회가 조직되었으며, 윤치호는 교회에 자신의 땅과 가옥 그리고 기구들을 기증하였다. 고양읍에 첫 교회를 세운 리드는 서울 중심에 교회를 세워야 한다는 전략을 세우고, 고양교회의 두 가족을 서울로 이주시키게 되었다.

윤치호와 리드의 가족들이 남송현에 서울교회를 세웠는데, 오늘의 광희문교회로 성장하게 된 것이다. 광희문교회는 리드와 윤치호가 힘을 모아 남감리교회에서 세운 두 번째 교회이며, 후에 종교교회와 자교교회 그리고 배화학교 등 남감리교회의 기관들이 차례로 세워지게 되었다.

여호수아 같은 사람, 리드

리드가 한국에 처음 와서 고양교회를 비롯하여 교회를 세워 나가면서 복음을 전할 때 윤치호라는 탁월한 지도자와 협력하는 모습에서 배워야 할 점이 많다. 리드는 조선의 현실을 직시하고 현재 외무부차관급인 윤치호 선생을 통하여 서울의 중심부인 남송현 자리에 선교기지를 마련하였다. 그것은 해외 선교사들이 서울에 자리를 잡도록 협력한 것이다. 그리고 교회를 처음 세우면서 한국인 두 명을 앞세워 고양읍에 전도를 한 후에 고양교회를 세워 나가는 전략戰略을 세우기도 하였다.

여호수아 2장 1절에 여호수아가 싯딤에서 두 사람의 정탐꾼을 가만히 보내며 그 땅 여리고를 탐지하라고 한 것과 일치하고 있다.

"하나님의 약속을 성취하는 과정에서 정확한 정보를 아는 것은 매우 중요한 것이다. 그보다도 모든 장애물을 다스리는 하나님을 믿고 신뢰하며 기도하는 것은 더욱더 중요한 것이다. 왜냐하면 하나님의 약속에는 반드시 장애물이 나타나기 때문이다. 장애물로 인하여 우리는 하나님과의 깊은 사랑의 관계를 유지할 수가 있으며, 장애물이 하나님보다 커 보인다면 시험에 들었다고 보면 된다. 우리는 하나님의 약속을 방해하는 장애물이 하나님보다는 작아 보이게 기도를 열심히 해야 하는 것이다."

고양교회의 역사에는 윤치호 외에 또 한 분의 중요한 역사적인 인물이 있다.

맹인 전도사 백사겸의 전도 열정

바로 고양교회에는 역사에 길이 남을 맹인盲人 백사겸의 이야기가 묻혀 있는 곳이다. 맹인이 되어 점쟁이를 하다가, 예수님을 믿고 변화를 받아 열정적인 전도인의 삶을 산 백사겸의 이야기는 오늘 우리에게 시사하는 바가 크다고 보겠다.

맹인 백사겸(白士兼, 1860~1940)은 누구인가?

1897년 5월 2일 고양읍교회가 리드 선교사에 의하여 첫 예배를 드릴 당시 성인 24명과 유아 3명 중에 백사겸의 가족들이 포함되어 있다. 백사겸은 1860년 평양에서 태어나 아홉 살에 우연히 맹인이 된 후에 먹고 살기 위하여 점치는 복술卜術을 배우게 되었다.

평양에서부터 걸어 고양읍에 자리를 잡은 백사겸은 눈치가 빠르고 상황판단이 정확한 덕에 유명한 점쟁이가 되었다. 아내를 얻을 때도 눈이 성한 사람에게 딸을 시집보내면 일찍 죽는다는 점괘로 두렵게 만들어 임씨성의 양가집의 딸을 아내로 맞기도 하였다.

지금으로 따지면 완전히 사기 결혼을 한 것이다. 그러한 백사겸은 고양읍에 온 지 5년 동안 복술가로 명성을 떨치면서도 늘 고민과 괴로움에 빠져 지내게 되었다. 백사겸은 죄책감에서 빠져 나오려고 고아들을 집에 데려다 키우기도 하고, 더 나은 복술의 도道를 찾아 다녔지만 갈등을 해소시켜 주지는 못하였다.

그런 그가 고양읍의 남감리교회에서 전도인으로 파송한 김제옥이 전하여 준 전도지를 보고서 큰 감동을 받고 예수님의 제자가 된 것이다. 꼭 23년 간의 점쟁이 생활을 마감하게 된 것이었다. 백사겸은 38세에 오직 하나님만 의지하는 아브라함의 신앙으로 가족들과 고양읍을 떠나 행주를 향하여 거지 전도여행을 떠나게 되었다.

옛날 평양에서 고양읍에 올 때처럼 구걸을 하면서 여행을 할 예정이었으나 '회개한 고양읍 백 장님'이라는 소문 때문에 각 교회마다 간증요청이 쇄도하게 되었다.

1899년부터는 남감리교회의 리드 선교사에 의하여 정식 전도인으로 임명을 받아 개성, 장단, 파주, 철원, 김화, 평강과 멀리 평양에까지 전도여행을 다녔다. 그가 평생 동안 지킨 것은 십일조 생활과 가정예배였으며, 그의 전도 열정으로 장단읍교회, 감암리교회, 개성남부교회를 직접 설립하기도 하였다. 그는 오직 전도인으로 80의 수壽를 누리고 30여 명의 자손을 남기고 세상을 떠났다. 그의 전도를 받아 교인이 된 사람이나 목회자는 수없이 많다. 거지이며 맹인인 아버지를 따라 고양읍을 나섰던 큰 아들 남석은 그 후에 개성 송도고를 나와 미국의 에모리대학에 유학까지 다녀와 대학 교수가 되었다.

† 내가 어려서부터 늙기까지 의인이 버림을 당하거나 그 자손이 걸식함을 보지 못하였도다 저는 종일토록 은혜를 베풀고 꾸어 주니 그 자손이 복을 받는도다 (시편 37:25-26)

우리나라의 곳곳에는 지금도 복술卜術로 먹고 사는 사람들이 너무나도 많다. 근래는 사주카페라고 하여 도심에서 성업 중인데, 많은 젊은이들이 찾는 모습을 쉽게 보게 된다. BBC를 비롯한 세계 언론들도 한국이 세계 최강의 IT 강국인데도 미신이 범람하는 것을 경이驚異의 눈으로 보고 있는 것이다.

사도행전 8장에 시몬이라는 점쟁이가 사도들이 안수하여 성령받는 것을 보고 자신도 그런 권능을 받기 위하여 돈을 주겠다는 이야기가 나온다. 본래 점이라는 것은 초월적인 힘을 가진 것들, 귀신들과 접한 무당에 의하여 이루어지는 것이 있다. 그리고 역리易理라 하여 우주의 운행원리를 인간의 상황 속에 적용하므로써 얻어지는 지식으로 푸는 것도 있다. 오랫동안 우리 민족은 민간신앙에 의존하며 살아오면서 기근과 가난과 전쟁의 고통에서 지내온 역사를 갖고 있다. 백사겸의 생애는 바로 점쟁이가 변화를 받아 하나님의 축복을 자손들까지 받는 간증이 되고 있는 것이다.

2001년 기독교 유적답사기 1, 2권을 쓰면서 고양교회에 와서 문산을 거쳐 개성 가는 옛 길이 열리기를 바라는 글을 쓴 기억이 난다. 어느 사이 서울과 개성을 잇는 길이 열려 얼마 전에는 개성관광을 다녀오기도 하였다. 개성공단과 개성시내, 정몽주 선생이 돌아가신 선죽교와 박연폭포를 다녀오면서 마음이 숙연해지는 것을 느끼게 된다. 근래 남북관계가 어려워지는 것은 새벽이 가장 어두운 것처럼 우리에게 통일을 주시려는 하나님의 손길이라고 믿고 통일을 준비하는 우리가 되었으면 한다. 특히 해방 전 북녘에 세워져 있던 2,200여 개의 교회들을 다시 세우는 일을 준비하고 일꾼들을 키워야 한다고 믿고 있다.

다음은 미국 남감리교회에서 두 번째로 세운 서울의 광희문교회를 찾고자 한다.

광희문교회

2 리드와 광희문교회

서울 중구 신당 1동 304-253
☎ 02-2238-5095

†오직 온유한 자는 땅을 차지하며 풍부한 화평으로 즐기리로다(시편 37:11)

얼마 전 미국에 일찍 이민을 간 고교시절 동기생인 이왕렬 군이 가족과 함께 서울에 들린 적이 있다. 이군이 주일날 자신이 결혼식을 올린 광희문교회에 가고 싶다고 하여 안내를 해 준 적이 있다. 이때 광희문교회가

광희문교회 옆에는 서울 성곽의 광희문이 있다.

역사적으로 중요한 교회임을 알게 되었다.

광희문교회에서 2007년 6월에 설립 110주년을 맞이하여 발간한 책자를 보내 주시어 집필을 하는 데 크게 도움을 받고 있다.

광희문교회는 1897년 6월 21일 서울의 남송현의 리드의 주택에서 윤치호의 설교로 시작한 교회이다. 1904년에는 현재의 오장동(띄골)으로 성전을 옮기게 되자, 수구문교회라고 부르게 되었다. 수구문은 서울성곽의 광희문이 있는 위치로 일명 시구문屍軀門이라고 불렀다. 성내城內에서 사람들이 죽으면 시체를 싣고 동대문으로 나가지 못하고 시구문으로 나갔다고 하여 붙인 이름이다.

광희문교회는 중요한 해외 선교사들이 사역을 하던 교회로서, 리드 선교사에 이어 1899년에 한국에 온 무스(J.R. Moose, 한국명 무야곱) 선교사는 부임한 후 주로 춘천과 양구, 화천과 홍천, 인제와 원주 등에 교회를 개척하였다. 무스는 1921년부터는 철원에 머물면서 강원도 북부지방의 선교에 힘쓰시다가 1928년에 미국에서 별세하셨다.

하디 선교사와 광희문교회

일제시대 북한의 원산에 거주하면서 당시의 성령운동을 전국에 확대하여 한국교

합정동 외국인묘지에 하디 선교사의 기념비가 세워져 있다.

회의 성장에 절대적인 영향을 끼친 하디 선교사는 1909년에 광희문교회의 다섯 번째 목회자로 부임을 하신 분이다.

하디(R.A. Hardie, 1865~1949)는 캐나다 출생으로 1890년 토론토대학에서 의과대학을 졸업하고 1898년 5월 15일에 남감리교회 소속으로 한국에 파송된 분이다. 그는 1898년 개성에서 남성병원을 설립하고 1900년 12월에는 원산지역에서 원산구세병원과 원산중앙교회를 세우는 등 강원도 북부지방의 선교에도 힘을 기울였다. 또한 철원의 지경터교회와 김화교회, 양양교회 등을 설립하는 데도 큰 기여를 하였다.

하디가 1903년부터 원산에서 일으킨 회개운동은 평양의 교회들과 전국의 교회에 성령부흥운동으로 파급이 되었다. 이것은 한국교회 최대의 역사적인 사건인 1907년 평양대부흥운동으로 발전을 하였으며, 교회가 전국에 세워져 나가는 기폭제가 되었다.

하디는 1909년부터 서울에 와서 광희문교회를 담당하였다.

2007년은 하디로부터 출발한 1907년의 평양대부흥운동이 일어난 지 100주년이 되는 해가 된다. 그리하여 각종 100주년을 기념하는 행사가 전국 각지에서 벌어졌다.

100년 전에 일어난 하디의 성령부흥운동은 행사가 아니였으며, 개인이 진정으로 주님 앞에서 회개하고 거듭나는 변화의 사건이었다. 하나님의 나라가 개인의 심령과 가정과 교회 그리고 민족에게 임한 놀라운 은혜의 사건인 것이었다.

신앙의 선조들의 삶을 오늘에 돌아보면 그들은 사소한 일에 목숨을 걸지 않았으며, 하나님의 말씀을 붙잡고 자신의 생애를 굵직하게 살아온 분들이라는 사실을 알게 된다.

시간을 내어 합정동의 외국인묘지에 있는 하디의 묘역에 가서 하나님께 감사의 기도를 드렸다.

다음은 하디 선교사의 발자취가 있는 철원지방을 찾기로 하였다.

3
하디(R.A. Hardie, 한국명 하리영)의 Bible Road

1_철원의 장흥교회
2_지경터교회의 옛 터전
3_철원제일교회(철원읍교회)의 터를 찾아서

철원장흥교회

1 철원의 장흥교회

강원도 철원군 동송읍 장흥 1리 577번지
☎ 033-455-3205

† 이스라엘이여 너는 행복자로다 여호와의 구원을 너같이 얻은 백성이 누구뇨 그는 너를 돕는 방패시요 너의 영광의 칼이시로다 네 대적이 네게 복종하리니 네가 그들의 높은 곳을 밟으리로다 (신명기 33:29)

"역사는 연속성이 있는가?" 많은 역사가들은 그렇지 않다고 말을 한다. 오랜 세월 성경 전체에는 하나님의 목적이 면면히 내려오고 있는 것이다. 이미 하나님의 나라는 왔으며, 훨씬 더 큰 권능으로 다가오고 있는 것이다. 하나님을 모든 역사의 하나님으로 아는 사람들만이 온전히 하나님을 따를 수가 있는 것이다.

왜 인류는 오래된 역사의 기록들을 파헤치는가? 자신의 목적을 수행해 가시는 하나님의 손길을 추적하기 위해서이다. 하나님의 관점에서 역사를 따라가는 사람은 실망하지 않는 이유가 있다. 그들은 계속 펼쳐지고 있는 중요한 역사의 줄거리와, 많이 알려져 있지만 주변적인 것들을 구분해 낼 수 있는 사람들이기 때문이다.

오늘은 잘 알려지지 않은 철원지역의 기독교 역사현장을 살펴보고자 한다.

철원은 지형적으로는 추가령지구대에 속하는데, 북한의 원산에서 서울로 연결되는 골짜기 구간을 의미하며, 과거에 화산활동이 활발하였던 지역이다. 그래서 제주도에서나 볼 수 있는 용암석들이 많이 나타난다.

이곳에 와 보니 오랜 세월 침식 현상으로 솟고라진 절벽들 사이로 한탄강이 흐르면서 주변에 기름진 철원평야가 펼쳐져 있었다. 또한 평강군에서 발원한 한탄강은 철원평야를 적시다가 지류인 남대천과 만나 임진강으로 이어진다. 철원鐵原, 이름 그대로 철이 많이 나오는 들판이라고 하여 예부터 쇠둘레라고도 부른다.

철원하면 특히 후고구려를 세운 애꾸눈 승려 궁예가 905년에 도읍을 현재의 철원군 북면 홍원리에 두고 태봉泰封이라는 나라를 세운 곳으로 유명하다. 철원은 서울에서 원산과 금강산을 가는 교통의 요지였던 곳이지만 삼국시대부터 6·25 전쟁에 이르기까지 전쟁터였던 곳이기도 하다. 해방 후에는 북한지역이었지만 6·25 전쟁 후에는 남한의 지역으로 편입된 수복收復지구인 것이다.

전란戰亂이 지속되어 번페스러운 이곳에 교회의 역사유적을 찾는다는 것은 쉽지 않은 일임에 틀림이 없다. 그러나 철원, 김화일대의 선교 역사에는 두 분의 해외 선교사와 윤승근이라는 분의 이름이 뚜렷이 남아 있기에 오늘 그들의 미션 루트를 찾아보고자 하는 것이다.

한 분은 미국 북장로교회의 웰번(Artker G. Welbon, 한국명 오월빈)으로, 1899년 한국에 와서 철원의 지경터地境里에 철원읍교회를 세운 분이다(이 기록은 뒤에서는

한찬희 목사, 이금성 장로와 함께 북한 노동당사 앞에서.

1905년과 1899년을 같이 기록하는데, 철원제일교회 역사에서는 1905년을 공식적으로 기록하고 있다).

또 한 분은 미국 남감리교회의 하디(Robert A. Hardie, 1865~1949, 한국명 하리영)로 원산에서 일을 하시던 분인데, 주변에서 선교를 하다가 1901년 3월 철원의 갈말읍 지경리에 지경터 감리교회를 세우게 된다. 이때 하디는 어른 27명에게 세례를 베풀고 강원도 최초의 교회를 조직하게 된다. 이를 보더라도 당시에 지경리가 서울과 원산을 잇는 가장 중요한 교통의 요지였던 것이 틀림이 없다.

순교자의 역사를 간직한 장흥교회

장흥교회는 철원지역에서 제일 먼저 세워진 교회는 아니지만 현재 이 지역의 교회 중에 가장 오래된 옛 교회당을 보존하고 있다. 이곳에 가려면 서울에서 의정부를 지나 포천을 가르는 43번 국도를 이용하여 신철원으로 오거나, 문산을 거쳐 37번 국도로 적성, 전곡, 연천을 거치는 길 중에 택하면 된다.

장흥교회에 도착하니 미리 연락을 받은 한찬희 목사와 이금성 장로께서 반갑게 맞아 주셨다.

6·25 전쟁 중에 순교하신 서기훈 목사 순교 기념비

"잘 오셨습니다. 우리 교회의 이금성 장로님은 이 지역의 기독교 유적에 가장 밝은 분이고 보존하려고 애쓰는 분이지요!"

젊은 한찬희 목사의 말이다.

장흥교회는 1920년 철원제일교회의 한성옥 목사가 고봉기 자택에서 예배를 드리면서 시작된 교회라고 하는데, 1956년에 검은 현무암으로 지은 교회건물이 무게를 더하여 주고 있었다. 그리고 교회의 왼편에는 '서기훈 목사 순교비'가 세워져 있었는데, 서 목사는 6·25 전쟁 중인 1951년 1월에 인민군에게 총살을 당한 분이라고 한다.

한찬희 목사께서 장흥교회의 뒷산에 있는 충혼탑을 보여 주시면서 충혼탑에 희생자들 이름을 새기며 동네사람들끼리 얼마나 갈등이 심하였는지 파손된 부분을 가리켜 주셨다.

"이 지역은 남한과 북한이 교대로 관할한 지역이기에 6·25 전쟁 후 한 동네 안에서도 좌우의 이념 대립이 심하였으며, 지금껏 피해의식이 강하게 남은 지역이라 목회가 쉽지가 않아요!"

한찬희 목사의 진솔한 이야기를 들으며 목회자의 고뇌를 읽게 된다.

다음은 철원지역에서 첫 번째로 세워진 지경터교회를 찾고자 한다.

3. 하디(R.A. Hardie, 한국명 하리영)의 Bible Road 45

지경장로교회의 모습

2 지경터교회의 옛 터전

강원도 철원군 갈말읍 지경리 ☎ 033-458-0003
철원 김화교회: 강원도 철원군 김화읍 학사리 274
☎ 033-458-2740

    철원지역의 선교는 경기도 북부지역에서 시작된 미국 남감리교회의 선교의 연장선상에서 시작이 되었다고 한다.
    남감리교회의 리드(Clarens F. Reid, 1849~1915) 선교사에 의하여 1897년에 고양시에 첫 교회인 고양읍교회가 세워지면서 맹인 전도인인 백사겸(白士兼, 1860~?)을 비롯한 전도인들이 주변에 복음을 전하기 시작하게 된다.

이들 중에 복음을 받아들인 윤승근尹承根이라는 이가 있었는데, 그는 적성과 연천을 거쳐 철원과 김화에 이르기까지 열심히 전도를 한 분이다. 그는 복음을 받아들이기 전에는 생활이 몹시 방탕하여 오사리잡놈이라는 소리를 듣던 사람이었다.

윤승근 등이 전도를 한 결과로 열매가 생기자 철원지역에 처음으로 예배당을 세우기 위하여 집을 한 채 구입하게 된다. 이때는 남감리교회가 하디를 중심으로 원산에 선교의 터전을 삼고 일을 할 때이다.

하디 선교사가 1900년 12월 15일에 원산에서 철원과 김화를 지나다 보니 교회는 없지만 윤승근의 전도열매를 보고서 고무되어 5번이나 지경터를 방문하게 된다. 그리고 1901년 3월 31일에 갈말읍 지경리에 교회를 세우니 지경터地境里 감리교회인 것이다.

바로 이 교회가 남감리교회가 강원도에 세운 최초의 교회이며 지경교회는 점차 조직이 커지면서 같은 해에 10리 떨어진 김화읍 학사리(새술막)에 교회를 또 세우게 된다. 현재 지경터 감리교회 자리에는 지경장로교회가 세워져 있다. 교단은 달라졌지만 주님의 교회는 그 맥을 이어오고 있다. 지경교회는 황금혜 목사를 중심으로 가나안교회의 노숙인 쉼터를 돕는 일을 열심히 하는 교회로 소문이 나 있다. 하디 선교사와 윤승근은 참으로 정직한 전도인들이었다고 한다.

특히 1907년부터 하디로부터 시작한 회개운동은, 원산과 평양에서 출발하여 전국에 교회와 성도들이 새로워지는 성령운동이었다. 이 사건을 기독교 역사에서는 '평양대부흥운동' 이라고 기록하고 있다.

정직正直Honesty은 진실하고 진지한 태도를 말하는데, 정직이 중요한 것은 그것이 신뢰를 쌓는 바탕이기 때문이다. 정직한 사람은 거짓말을 하거나 속이지 않으며 훔치지 않는 것을 우리는 믿을 수가 있다.

정직하다는 것은 또한 자기 자신을 그대로 받아들이는 것을 의미하며, 솔직하고 믿음직한 행동을 할 때 사람들은 우리를 믿게 된다. 그래서 복음을 전하는 전도인에

철원 김화교회의 모습

게 가장 중요한 덕목은 정직이며 특히 돈에 정직한 것이 제일 중요하다.

오늘도 성령의 역사役事는 정직한 사람을 통하여 일어나며, 특히 돈에 깨끗한 사람에게 임하는 것을 꼭 기억해야 할 것이다.

전도인 윤승근 이야기

하디의 기록에 의하면 지경터에 교회를 세우는 데 결정적인 역할을 한 윤승근은 예수님을 믿기 전에는 아주 불량한 오사리잡놈이었다고 하는데, 신앙생활을 시작하면서부터는 전도와 신약성경을 읽는 데 너무나 열심이었다고 한다.

그래서 윤승근의 별명이 '걸어 다니는 성경'이라고 하였다고도 한다.

그는 성령을 받고 죄를 철저히 고백한 사람인데, 전도인으로 일하면서 선교사의 돈을 훔친 것이나 인천의 조폐국에서 일을 할 때 훔친 20원을, 10년이 지난 뒤에 보낸 일도 있다. 그는 불량배 출신이지만 성도가 된 후에는 하나님의 말씀대로 살았으며, 춥다고 이름이 난 철원, 김화 땅을 쉬지 않고 다니며 복음을 전하며 죽도록 충성을 하다가 1904년 과로와 폐결핵에 걸렸다. 그는 1904년에 김화군 학사리(새술막)에서 숨을 거두게 되었다.

† 저희가 묻되 우리가 어떻게 하여야 하나님의 일을 하오리이까 예수께서 대답하여 가라사대 하나님의 보내신 자를 믿는 것이 하나님의 일이니라 하시니
(요한복음 6:28-29)

하디와 윤승근의 열정으로 세워진 새술막교회는 김화읍교회로 발전을 하게 되고 피터스(Victor Willington Peters, 1902~?) 선교사에 의하여 1937년에 한국식의 토속적인 교회당이 세워졌다고 하는데, 지금은 생창리의 넓은 논바닥으로 변해 있다.

새술막교회의 위치를 다시 정확하게 찾아서 역사적인 교회로 복원을 하는 것을 꿈꾸어 본다.

옛 지경터교회 자리에 와 보니 지경장로교회가 세워져 있는데, 옛 지경감리교회의 흔적은 없지만 장흥교회의 이금성 장로에 의하면 현재의 교회에서 50여 미터 안팎에 위치해 있었다고 한다.

다음은 반드시 복원해야 하는 철원제일교회를 찾고자 한다.

철원제일교회 터

3 철원제일교회(철원읍교회)의 터를 찾아서

강원도 철원군 철원읍 관전리 102

옛 철원제일교회(1920년)

철원에는 또 하나의 중요한 역사적인 교회가 있는데, 지금은 교회건물의 잔해殘骸만이 남아 복원을 간절히 기다리고 있다.

이금성 장로에 의하면 철원읍교회는 웰번(Artker G, Welbon, 한국명 오월빈)에 의하여 1899년(1905년으로 알려지고 있음) 처음에 장로교회로 출발을 하고, 1907

통일을 기리며 철원 노동당사에서 〈KBS 열린음악회〉가 열린 적이 있었다.

년부터는 감리교회로 바뀌어 1920년 7월에 철원에서 최초의 붉은 벽돌의 건물이 지어졌다고 한다. 그리고 의료선교사인 앤더슨E.W. Anderson 부부가 상주를 하면서 철원의 선교활동이 본격화하게 되었다고 한다.

철원읍교회는 1919년 3월 10일에 박연서 목사를 중심으로 교회청년들이 3·1 만세운동에 적극 참여를 하고 '철원애국단'을 조직하여 활동하다가 1920년 23명이 구속되게 된다.

또한 1940년에는 강종근 목사가 신사참배를 반대하다가 서대문 형무소에 투옥되어 1942년 순교하였다. 그리고 1946년에는 반공운동이 일어나 철원제일교회 김윤옥 부목사와 장흥교회 박성배 장로, 정국환 장로, 박정배, 김정필 성도 등이 중심되어 신한애국청년단을 조직하였다 발각되어 많은 이들이 옥중에서 순교하였다.

철원제일교회는 1920년에 건축된 교회를 1937년에 석조 3층의 교회건물로 재건축하게 된다. 그러나 안타깝게도 6·25 전쟁 중에 폭격을 당하여 지금은 교회건물의 잔해만이 남아 민족의 비극을 오늘에 보여 주는 역사의 현장이 되고 있다. 그리고 철원제일교회의 바로 인근에는 웅장한 건물이 벽돌과 콘크리트의 잔해만 남은 건물을 보게 된다. 바로 이 건물은 해방 후 5년 간 공산치하의 철원을 지배하던 당시 북한의 노동당사 건물이다.

이곳은 철원, 김화, 평강, 포천과 경기 북부일대를 관장하면서 북한 정부에 항거하던 애국자들을 체포, 구금, 학살을 감행하던 곳이다. 이 건물의 뒤에 있던 방공호에서는 많은 인골人骨과 고문에 사용하던 철사줄과 총탄이 나오기도 하였다.

철원제일교회와 노동당사의 잔해를 보면서 마음의 눈을 들어 북녘을 바라보게 된다. 북한이 해방 후에 공산화되면서 그 많고 웅장하던 교회들이 없어지게 되고, 동시에 남한보다 훨씬 잘살던 북한의 곳곳이 황폐화된 것을 알게 된다.

필자는 속히 한국교회와 철원군에서 철원제일교회의 건물을 재건하여 예배를 드리고, 옆에 있는 노동당사도 복원을 하여 철원의 기독교 역사와 독립운동의 자료들을 전시하는 역사박물관으로 만들기를 간절히 바라는 마음이다.

개인과 국가가 가난하여지는 것과 번영의 길을 가는 갈림길은, 그 사람이 어떤 종교를 믿는가 그리고 어떤 가치관을 갖고 사는가에 달려 있는 것이다. 그러므로 우리 민족이 번영을 얻기 위해서는 먼저 하나님을 경외하고 성경의 말씀대로 사는 것이 제일 중요하다고 생각을 한다. 잘살고 못사는 것은 환경의 탓보다는 국민의 의식 수준에 달려 있는 것이다. 의식과 문화수준이 규범과 사회시스템을 만들기 때문이다.

복음을 전하는 것은 결국 개인과 국가의 번영을 가져다주는 일이다. 우리의 이웃과 어려운 나라에 복음을 전하는 일이야말로 가난과 후진성을 벗게 하는 귀한 일이라는 생각을 한다.

며칠 전에 필리핀의 바탄Bataan州에서 열린 '지도자 영성 컨퍼런스'에 다녀왔다. 가난에 찌든 그들에게 100여 년 전 조선에 복음을 전하려다가 순교를 하신 토머스와 데이비스 등 몇 분의 이야기를 들려주었다. 당시의 조선은 지금의 필리핀보다도 더 후진국이었는데 복음이 우리의 의식수준을 바꾸어 지금은 민주화된 경제강국이 된 것이다.

다음은 강원도의 기독교 역사현장을 찾고자 한다.

4
강원도지역 유적답사

1_무스(J.R. Moose, 한국명 무야곱)와 춘천의 모교회 춘천중앙교회
2_원주의 모교회, 원주제일교회
3_서미감병원과 원주기독병원

춘천중앙교회

1 무스(J.R. Moose, 한국명 무야곱)와 춘천의 모교회 춘천중앙교회

춘천시 퇴계동 202 ☎ 033-259-3000
www.chmchurch.org

†네 장막터를 넓히며 네 처소의 휘장을 아끼지 말고 널리 펴되 너의 줄을 길게 하며 너의 말뚝을 견고히 할찌어다 이는 네가 좌우로 퍼지며 네 자손은 열방을 얻으며 황폐한 성읍들로 사람 살 곳이 되게 할 것임이라(이사야 54:2-3)

강원도 호반의 도시 춘천은 북한과 인접하여 있

길선희 선교사와 예비신랑과 함께.

는 아름다운 도시이다. 오래 전부터 '강원도 청소년 선교회'를 이끄는 길선희 선교사와의 각별한 인연으로 자주 들리는 곳이다.

필자가 1990년 3월부터 '기독학생반 소식'이라는 청소년 전도지를 발행하였는데, 당시 춘천여고 1학년 학생이던 길선희 양이 이 쪽지를 읽고 은혜를 받아 평생을 십대 선교의 사명자가 되겠다며 서원을 하였다고 한다.

전도 쪽지를 만들어 전국의 학교에 보내는 문서 사역을 하면서 많은 갈등도 있었지만, 이 쪽지로 인하여 길선희 같은 사명자가 생긴 것을 보면서 모든 전도는 성령님의 사역임을 알고 감사드리고 있다.

하나님께서 창세기 22장 17절에서 아브라함에게 이삭 한 사람을 통하여 하늘의 별처럼 많은 하나님의 자녀를 약속하신 것처럼, 사명자 한 명이 중요하다는 것을 알게 되었다. 길선희 선교사의 사역을 통하여 춘천의 수많은 청소년 사역자들이 양육되고 청년이 되어 해외 선교사로 세계로 나아가고 있는 것이다.

금년도에도 청소년 집회를 준비 중인 길선희 선교사를 만났는데, 결혼할 분이라며 남자 전도사 한 분을 소개하여 주어 참으로 반가운 마음으로 많은 이야기를 나누었다.

길선희 선교사와 식사를 마치고 춘천시에서 가장 먼저 세워진 옥천동에 있는 옛 춘천중앙교회터에 와 보았다.

옛 춘천중앙교회의 모습

춘천여고 앞을 지나 언덕을 내려가면, 그 오른쪽으로 1902년 세워진 춘천중앙교회의 옛 건물이 나온다. 다행히도 춘천중앙교회가 교회 창립 100주년을 맞이하여 퇴계동으로 이전을 한 후에 역사적인 교회의 빨간 벽돌건물은 춘천 시립미술관으로 보존이 잘 되고 있었다.

춘천중앙교회의 역사

현재 춘천중앙교회가 퇴계동으로 이전되기 몇 년 전에 들렀을 당시에도 춘천지역에서 가장 오래된 교회이지만 활력이 넘치는 분위기였던 기억이 난다.

당시 교회개척 100주년을 2년 앞두고 '우리 교회 100년사'를 준비하고 있었으며, 또한 퇴계동에 100주년 기념 성전을 1998년부터 건축하고 있었다. 그리고 열린 예배를 시도하여 연극과 찬양 등을 예배에 도입, 청장년층의 공감대를 형성하는 21세기형 교회 모델이 되고 있었던 기억이 난다.

2007년에 다시 와 보니 교회는 이미 춘천시 퇴계동에 100주년 기념성전을 짓고 이전이 되어 있었다.

오래된 교회들이 침체된 분위기가 되기 쉬운데 춘천중앙교회에서는 변화와 발전의 기운을 느낄 수 있었다. 그러면 춘천중앙교회의 출발의 이야기를 더듬어 보자.

1902년 당시 순회전도사로 이름이 나 있던 김기춘이 춘천에 첫 복음을 전한 사람이며, 후에 경기도 지역에서 사역을 하던 이덕수 전도사가 춘천시 봉의동에 초가 5칸을 매입하여 예배와 성경공부를 시작하였다. 이것이 춘천읍교회(현 춘천중앙교회)의 모체이고 춘천과 강원도지방 선교의 거점이 되었다.

1898년 9월에 발표한 미국 남감리교회의 리드의 보고 내용에 의하면, 1898년 서울교회(현 광희문교회)의 라봉식과 정동열이 권서가 되어 춘천에 가서 책을 팔면서 전도를 한 결과 몇 명의 성도가 생겼다는 기록이 있다. 이에 힘을 얻은 하디와 무스 선교사가 춘천에 자주 다니며 확인을 한 결과 1900년 4월 춘천의 '퇴송골'에 신앙공동체가 조직된 것을 알게 되었다.

미국 남감리교회의 무스 선교사는 1904년경 선교 보고를 통해 "춘천은 강원도의 중심으로, 아직 커다란 선교의 결실은 없지만 머지않아 강력한 교회를 세울 수 있을 것으로 생각합니다. 나는 이 지역보다 흥미 있고 희망적인 곳을 본 적이 없으며, 땅을 잘 갈기만 하면 곧 풍성한 수확을 거둘 것이라고 확신합니다"라고 하였다.

무스(J.R. Moose, 1864~1928, 한국명 무야곱) 선교사는 서울을 왕래하며 춘천에 교회를 개척하다가, 1908년 춘천지방회의 감리사로 가족과 함께 이주하게 되었다. 무스 선교사의 부인은 도착한 지 1년 만에 4종류의 여성모임과 기도회를 만들어 네 명의 전도부인과 함께 복음을 전하였다.

기록을 종합하면 춘천 선교의 시작은 춘천중앙교회의 출발인 1902년보다 4년을 앞당긴 1898년으로 보는 것이 타당하다고 하겠다. 무스 선교사가 정성을 들인 춘천중앙교회는, 1925년에 현재의 강원일보 건너편 자리인 요선동에 'ㄱ'자 모양의 2층 벽돌교회를 미국 남감리교회 주선으로 마련하였다. 이 교회건물은 춘천 최초의 신식 건물로 남녀석이 엄격한 초기 교회의 모습이었다고 하는데, 6·25 때 파괴되어 사진으로만 남아 있다. 6·25 전쟁이 끝나면서 현재의 옥천동에 있던 미국 남선교부 병원으로 사용되던 벽돌건물을 인수해서 예배를 드리기 시작한 것이 오늘에 이르고 있다. 이 건물이 중앙교회의 가장 오래된 건물인데, 붉은 벽돌의 건물은 교육관으로 사용하다가 교회가 이전을 하면서 춘천시에 매각되었다고 한다.

교회 측의 간곡한 당부로 춘천시는 이곳을 청소년 문화공간으로 다시 꾸미고, 교육관 건물은 미술관으로 사용하고 있다. 그나마 교회를 이전하면서 오래된 교회 건축물을 파괴하지 않고 보존하는 춘천시의 시정에 감사를 드린다. 이곳에 '춘천지역의 모교회 자리' 라는 표지판을 만들어 둔다면 세월이 지나도 역사적인 의미를 찾을 수 있을 것이다.

춘천은 인구가 20여만 명으로 위치상 한반도의 중심에 있고 북한지역과 가까워 통일을 생각할 때에 중요한 도시임을 알 수가 있다. 특히 북한 선교의 전초기지 역할을 하는 곳이며, 모든 교회와 기관장들이 연합하여 이루어지는 성시화운동이 최초로 시작된 곳이다.

춘천 성시화운동은 1972년 한국대학선교회CCC 김준곤 목사의 주도로 시작된 한반도 복음화운동이다. 당시에 춘천을 뒤흔들었던 '민족의 가슴속에 피 묻은 십자가를 심어 푸르고 푸른 그리스도의 계절이 오게 하자' 라는 복음의 격문은 지금도 춘천 그리스도인의 가슴에 살아 있다.

십대 선교의 중요성

춘천은 해외 선교사의 꿈을 갖고 준비하는 십대 사명자들이 많이 나오는 곳이다. 춘천은 일본에 선교사로 가신 조은제, 기정희 부부의 헌신과 기도로 앞으로 한국교회가 주목할 사명자들을 많이 배출하고 있다.

S. 포르는 "세계에서 가장 저명한 23명의 성자 중에서 단 한 명을 제외하고는 전부 18세 이전에 신앙생활을 시작했다"고 말했다. 루터는 22세, 프랜시스는 23세, 조지 폭스는 19세, 윌리엄 부드는 15세, 스펄전은 16세, 밀러는 21세 때 회심을 체험했으며 그날 이후로 그들은 완전히 바뀌었다.

바라기는 책을 읽는 많은 십대들이 일찍 주님을 만나서 사명을 받고 평생을 주님이 기뻐하는 일에 헌신하기를 바라는 마음이다.

다음은 원주시의 모교회인 원주읍교회를 찾고자 한다.

원주제일교회

2 원주의 모교회, 원주제일교회

강원도 원주시 일산동 114 ☎ 033-742-2170
www.wjmc.or.kr

†보좌에 앉으신 이가 가라사대 보라 내가 만물을 새롭게 하노라 하시고 또 가라사대 이 말은 신실하고 참되니 기록하라 하시고 또 내게 말씀하시되 이루었도다 나는 알파와 오메가요 처음과 나중이라 내가 생명수 샘물로 목마른 자에게 값없이 주리니(요한계시록 21:5-6)

사과에 씨가 들어 있다는 것은 누구나 아는 사실이지

만, 씨앗 속에 사과가 들어 있다는 사실을 아는 사람은 생각이 깊은 사람이다. 씨앗 속에는 사과가 보이지 않는다. 하지만 꼭 보여야만 사실인 것은 아니다. 씨앗을 땅에 심으면 썩어서 뿌리가 나고 줄기가 돋고 꽃이 피면 후에 열매가 주렁주렁 열리기 때문이다.

성경에는 **"믿음은 바라는 것들의 실상이요 보지 못하는 것들의 증거니 선진들이 이로써 증거를 얻었느니라"**(히브리서 11:1-2)라는 말씀이 있는데, 십자가에서 돌아가신 예수의 부활이 곧 믿음의 실상이고 증거인 것이다. 십자가 씨앗은 생명을 잉태하는 것이다.

오늘의 여정은 강원도 원주시인데, 한반도의 좌우 중간에 위치한 곳으로 강원도 교통의 요지로 발전을 거듭하고 있는 도시이다. 오래 전 십자가의 부활의 씨앗을 이곳에 심은 분들의 자취를 찾아보고자 한다.

원주시에 가장 먼저 세워진 교회는 원주읍교회인데, 현재는 원주제일교회로 부르고 있다. 연세대학교 의과대학 원주기독병원과 담을 마주하고 있는 교회이다.

원주의 첫 교회인 원주읍교회는 무스(J.R. Moose, 1864~1928) 선교사가 원주읍의 상동리(현 일산동)에 초가집을 구입하여 장의원, 한치선 등 5~6명과 함께 세운 교회였다.

원주읍교회는 일제시대 민족교회로서 손색이 없을 정도로 발전을 하였으며, 1907년에는 미국 북장로교회 선교지역으로 이관이 되었다. 이때 클라크, 웰번 선교사의 주선으로 원주읍에 2만 평의 선교부지를 마련하게 되었고, 일부를 원주읍교회터로 양도하였다.

미국 10대 부자가 된 가난한 선교사의 후손들 이야기

춘천중앙교회와 원주제일교회를 설립한 무스 선교사는 누구인가?

무스는 미국의 캐롤라이나주에서 태어나, 6세 때 부모를 잃고 어려운 성장과정을 거쳐 1892년 트리니티전문학교를 졸업하고 목사가 된 분이다.

무스는 아내와 함께 1899년 9월 조선에 입국하여 1904년부터 강원도 중남부를 순회 전도하였으며, 강원도와 전국의 구석구석에 자전거를 타고 다니며 25년 간 복음을 전하는 일을 하였다.

그의 발길은 복음의 불모지인 강원도 일대와 개성, 통천, 토산과 철원 등 넓은 지역에 이른다. 1924년 봄 철원의 전도 여행 중에 얼음이 녹지 않은 강을 헤엄쳐 건너다 독감에 걸린 것이 악화되자 본국으로 돌아갔고, 그 후 4년 뒤 생을 마감하였다. 그가 세상을 떠난 지 80년인 2008년 8월에, 그의 외증손자인 제프리 제이콥스 회장이 자녀들을 데리고 한국을 방문하였다.

미국 투자회사의 회장인 그가 선조가 선교의 땀을 흘린 현장에서 자녀들에게 해준 말이다.

"모든 것이 하나님께 속해 있으며 성경의 모든 말씀은 지혜이고 축복이다. 선조들이 물려준 신앙적인 경험이야말로 후손들에게 주는 최고의 선물이란다."

지극히 가난했던 무스의 집안에서 미국 10대 재력가가 나온 것은 부의 세습에서 이루어진 것이 아니고 하나님의 축복에서 온 것임을 보여 주는 좋은 증거가 되는 것이다.

제이콥스 회장은 금번 한국에 와서 무스 선교사가 쓴 『1900, 조선에 살다Village Life in Korea』의 한국어판을 출간하였다.

원주읍교회는 무스 선교사에 이어 1897년 한국에 온 콜리어 선교사가 1907년부터 그 뜻을 이어받아 더욱 부흥을 하였다. 원주읍교회의 역사를 돌아보면 김용덕 목사는 원주읍교회가 배출한 첫 번째 한국인 목사이며, 1909년에는 강화도의 홍의교회 출신의 권신일 목사가 담임목사로 부임을 하였다. 권신일 목사가 원주읍교회를 맡은 1909년부터 1912년 2월까지 2년 5개월 동안 40여 명의 교인이 70명으로 부흥을 하였다.

원주읍교회는 1914년 힐만 선교사의 도움으로 의정학교義貞學校를 세워 서양식 교육과 성경과 찬송을 가르쳤으며, 1917년에는 원주공립보통학교로 통합이 되었다. 원주읍교회는 의정학교 외에도 서미감병원을 운영하여 조선의 근대화에 큰 기여를 한 역사를 간직하고 있다.

다음은 원주제일교회의 근처에 있는 원주기독병원을 찾고자 한다.

원주기독병원

3 서미감병원과 원주기독병원

강원도 원주시 일산동 162 ☎ 033-741-0114
www.wch.or.kr

† 이기는 자는 이것들을 유업으로 얻으리라 나는 저의 하나님이 되고 그는 내 아들이 되리라 그러나 두려워하는 자들과 믿지 아니하는 자들과 흉악한 자들과 살인자들과 행음자들과 술객들과 우상 숭배자들과 모든 거짓말하는 자들은 불과 유황으로 타는 못에 참예하리니 이것이 둘째 사망이라(요한계시록 21:7-8)

원주읍교회와 나란히 복음을 전하는 사역을 감당하였던 원주기독병원의 역사를 살펴보자.

원주기독병원의 설립은 의료선교사 앤더슨 선교사 내외가 1912년 원주읍에 부임을 하면서 시작하였다.

앤더슨 선교사 부부는 1913년 미국 내의 쉬든교회 헌금으로 일산동에 120평의 건물을 완공하였다. 이는 강원도 남부에 최초의 현대식 시설을 갖춘 종합병원이었는데, 당시에는 서미감병원이라고 불렀다. 서미감병원이 세워진 후 1917년 1년 동안에 3,000여 명을 진찰, 81명을 수술하였으며 입원한 환자수만도 총 1,100여 명이나 되었고 거의 무료로 치료를 하였다고 한다. 이와 같은 교회의 교육사업과 의료사업으로 교회에 대한 인식이 좋아져 복음을 전하는 데 큰 도움이 되었다. 앤더슨 부인이 직접 가정을 방문하고 전도를 한 덕에 원주읍교회는 다른 교회에 비하여 나날이 부흥 발전을 하였다.

서미감병원은 1933년 선교부 사정으로 문을 닫았는데, 1956년 미국감리교회의 주디C.W Judy 목사와 캐나다 연합선교회의 모레리F.J. Murray 박사가 연합하여 병원을 재건하였다. 서미감병원은 원주연합기독병원으로, 그리고 1976년부터는 연세대 의대 원주기독병원으로 이름이 바뀌면서 지금에 이르고 있는 것이다.

그들의 은혜를 알고 후손에게 전해야 하는 것들

원주제일교회에 들린 후에 원주기독병원 안쪽으로 들어가니, 1913년에 세워진 서미감병원 2층의 붉은 벽돌건물이 잘 보존되어 있는 것을 보게 된다. 그리고 원주제일교회 마당에는 한국 선교를 위하여 자신의 생명을 드린 2명의 해외 선교사 기념비가 세워져 있는 것도 볼 수가 있었다. 그중 하나는 26년 간 선교사역을 하다가 1927년 1월 18일 돌아가신 모리스C.D. Morris 선교사의 공을 기리는 기념비로 1928년 세운 것이다.

모리스는 1900년 31세에 드류신학교를 졸업한 뒤 목사안수를 받고 곧 내한하여

원주제일교회의 뜰에 모리스, 레어드 선교사를 기리는 기념비가 세워져 있다.

영변, 평양, 해주지역에서 선교활동을 하였으며, 1916년부터는 원주와 강릉지방에서 선교하다가 1927년 세상을 떠났다. 늘 "선한 사람은 결코 죽지 않는다"라는 말로 전도를 하였다고 한다.

다른 하나는 레어드(Esther Raird, 1901~1968, 한국명 나애시덕) 선교사의 기념비로 하동리(현 삼천교회터)에 2층 양옥의 '기독여자관'을 지어 원주읍교회 교인들을 상대로 생활개선 및 유치원교육, 그리고 성경교육에 힘쓴 분이다.

원주제일교회와 원주기독병원의 오늘이 있기까지 역사에 가려진 해외 선교사들, 그리고 윤성렬, 방기신 등 수많은 선조들의 믿음과 희생을 우리는 기억해야 할 것이다. 사람들은 모두들 축복을 받으려고 한다. 하나님의 은혜를 알고 하나님의 사명을 잘 감당하며, 떠난 선조들의 은혜를 기리고 후손들에게 가르쳐 지키게 하는 것이 축복을 받는 인생이 아닐까?

다음은 이명박 대통령의 고향인 포항지역의 역사 현장을 찾고자 한다.

5
포항과 울릉도 유적답사

1_일본에서 복음이 들어온 특이한 역사, 포항 대송교회
2_울릉도 Mission Road를 걷다

포항 대송교회

1 일본에서 복음이 들어온 특이한 역사, 포항 대송교회

경북 포항시 남구 대송면 제내 2리 313 ☎ 054-285-6562

www.daesong.or.kr

†저희가 조반 먹은 후에 예수께서 시몬 베드로에게 이르시되 요한의 아들 시몬아 네가 이 사람들보다 나를 더 사랑하느냐 하시니 가로되 주여 그러하외다 내가 주를 사랑하는 줄 주께서 아시나이다 가라사대 내 어린 양을 먹이라 하시고 (요한복음 21:15)

경상도 지방은 다른 지역에 비하여 기독교 복음화율이 낮은 것으로 알려져 있다. 신라시대 이래 불교가 융성한 곳으로 사찰들의 영향력이 큰 것이 그 이유라는 생각을 해본다. 경주의 남산을 둘러본 적이 있었는데, 불교 유적들이 엄청난 규모로 퍼져 있는 것을 보며 신라시대 이래 불교가 이 지역의 민중들에게 끼친 영향력을 다시 생각해 보았다.

인간의 의식은 문화를 만들고, 문화가 사회의 규범과 시스템을 만들기 때문에 인간의 의식세계에 가장 큰 영향력을 끼치는 종교의 중요성은 아무리 강조해도 부족하다고 생각을 한다.

한 국가의 미래는 어떤 종교를 믿는 사람들이 많아지는가에 달려 있다고 생각하며, 빛 되시는 예수 그리스도를 전하는 일은 국가와 민족을 살리는 참으로 큰일이라고 생각하고 있다.

크리스천들은 타 종교인들을 적대시하기보다는 성경의 말씀을 자신의 삶에 적용하고 성령님이 주시는 은혜로 주변의 사람들에게 나누는 삶을 살아야 하는 것이 아닐까? 어떤 사람도 회개하고 예수 그리스도의 십자가의 은혜를 믿게 되면 하나님의 자녀가 될 수 있는 가능성이 있다는 믿음으로 전도를 해야 하는 것이다.

오늘은 항구의 도시, 철강鐵鋼의 도시인 포항시에 가장 먼저 세워진 대송교회부터 답사를 하고자 한다.

포항시 하면 두 가지가 생각이 난다.

첫째는, 울릉도에 갈 때면 포항에서 선플라워호를 탔는데 어찌나 배가 흔들리는지 지옥과 천국을 왔다갔다 하던 기억이다. 특히 겨울에 울릉도에 갈 때는 무조건 화장실을 다녀와서는 배 바닥에 꼼짝 말고 누워 있다가 도동항에 도착하면 얼른 내리라고 부탁하고 싶다.

다음으로 포항 하면 포항제철인데, 제철소의 규모와 선진화된 공장과 환경시설 등을 보면서 자부심을 크게 느낀 기억이다.

포항시의 첫 교회인 괴동교회(현 대송교회)가 세워진 때는 1901년인데, 다른 지역과는 달리 특별한 경로로 교회가 세워졌다기에, 답사를 오기 전에 '대송교회 100년 역사'를 읽고 포항을 향하였다.

조선에 복음이 처음 들어와, 곳곳에 교회가 세워질 당시의 다양한 경로를 살펴보자.

첫 교회인 소래교회는 1883년 5월에 중국의 심양에서 온 스코틀랜드 출신의 로스와 매킨타이어 선교사, 서상륜 형제에 의하여 황해도 바닷가에 세워진 교회이다.

서울, 인천 지방의 교회들은 미국 북장로교회와 북감리교회 소속이었던 언더우드와 아펜젤러 선교사에 의하여 시작되었다.

또한 부산, 경남지방의 교회들은 주로 호주 장로교회의 영향으로 세워졌고, 목포를 비롯한 전라도지방은 미국 남장로교회, 그리고 함경도지방의 교회들은 캐나다 출신 선교사들의 영향으로 출발한 경우가 많았다.

각 나라의 해외 선교사들이 조선을 몇 개 구역으로 나누어 전략적인 선교를 하였기에, 조선은 빠른 시간에 복음화가 이루어진 것이다.

하나님께서는 5,000여 년의 고난의 역사를 가진 우리 민족을, 21세기에 선교의 마지막 주자로 사용하시려고 다양한 경로를 통하여 조선에 복음을 전하신 것을 보게 된다.

또한 하나님께서는 700여만 명의 우리 민족을 일제日帝의 침략과 6·25 전쟁 및 월남 파병, 광부와 간호사들의 독일 파송 등 다양한 사건을 통하여 세계 열방에 퍼뜨리신 것이다.

한국교회는 700여만 명의 해외동포들을 다양한 방법으로 연결하여 세계 선교의 전략을 세워야 한다고 생각을 한다. 이를 위해서 크리스천들이 시간과 공간을 넓게 바라보는 관점을 가질 필요가 있으며, 복음을 전하는 사명자들은 주님이 모든 것을 책임져 주시는 신실하신 분임을 믿는 것이 매우 중요하다고 생각을 한다.

우리가 주님의 일꾼이 되려면 아브라함과 같이 말씀에 즉각 순종하는 믿음이 필요한 것이다. **항상 하나님이 경영하시고 지으실 터가 있는 성을 바라보며 나가는**(히브리서 11:10) 아브라함의 믿음이 우리에게는 절대적으로 필요한 것이다.

주님의 뜻을 분별하는 방법은 무엇일까?

우리의 생애를 주님의 뜻에 따라 사는 것이 성공적인 인생이 아니겠는가? 그러면

포항 대송교회 김재영 장로에게서 대송교회 역사를 듣고 있다.

무엇이 주님의 뜻인지를 어떻게 분별하여야 할까?

우선 나의 일이 성경과 일치되는가? 나를 그리스도와 닮게 해 주는 일인가? 교회의 가르침과 일치하는가? 내가 책임을 지는 일인가? 그리고 마음에 평화가 있는가? 등을 따져 보아야 하는 것이다.

주님의 뜻에 순종하는 일들은 대개 나에게 이익이 되기보다는 손해를 보는 일들이 많다.

주님의 뜻에 따라 산 선조들의 증거를 찾아서 포항의 첫 교회인 괴동교회(현 대송교회)의 역사 속으로 들어가 보기로 하자.

포항시는 1949년 이전에는 영일군에 속한 작은 항구였으며, 예부터 일본과 해상교류가 빈번했던 곳이었다. 특히 왜구의 침입이 많아 곳곳에 성을 쌓은 흔적이 남아 있다. 또 선사시대의 고인돌들이 여러 곳에 있으며, 동해안을 낀 영일군은 구룡포, 양포, 다대포 등 항구가 있어 수산업과 농업이 발달된 곳이기도 하다.

대송교회를 찾아오니 전부터 잘 알고 지내던 김재영 장로가 반갑게 맞이하여 주었다. 김 장로는 대송교회의 100년사를 편집하신 분이기에 대송교회의 역사에 관하여 자세히 들을 수 있었다.

이곳 경북지방의 교회들은 대부분 미국 북장로교회 소속 선교사들에 의하여 세워졌는데, 특히 대구제일교회를 맡은 애덤스(J.E. Adams, 한국명 안의와) 선교사와 그를 돕던 조사(전도사)들의 활동이 활발했다고 한다.

"포항의 최초 교회인 대송교회가 세워지게 된 계기는 아주 특이하다고 볼 수가 있어요! 다른 교회와 달리 일본에서 복음이 들어와 세워진 교회입니다."

특유의 경상도 억양을 가진 김재영 장로의 말이다.

선교와 나비효과

기상학자 에드워드 로렌츠(Edward Norton Lorenz, 1917~2008)는 먼 곳의 나비가 날갯짓만 해도 그것이 태풍 혹은 허리케인이 되어 밀려올 수가 있다는 '나비효과' Butterfly Effect를 처음 주장하여 유명하여졌다. 그가 죽은 후에도 나비효과는 자연현상뿐 아니라 한 사람의 행동이 사람들 마음에 파동을 퍼뜨리는 '감동의 나비효과'로 활용되고 있으며, 2008년 여름 한국을 뜨겁게 달군 작은 촛불들이 모인 집회가 얼마나 큰 파장을 일으켰는지를 보여 주는 효과라고 볼 수가 있다.

대송교회의 역사에서 영일군 괴동리에 살던 박군현이라는 한 사람의 열정으로 출발한 나비효과를 살펴보고자 한다.

1890년경 일본에 건너간 박군현은 일본 청년들이 예수를 믿고 구원의 기쁨을 누리면서 일본사회를 개화시키는 모습을 보고 감동을 받아 자신도 성도가 되었다.

박군현은 일본에서 조선보다 먼저 복음이 들어와 세워진 교회의 성도들이 사도행전 2장에 나오는 초대교회 성도들처럼 기쁨의 교회공동체를 만들어 사는 모습을 보고 감동을 받았다. 그 후에 고향으로 돌아온 박군현은 1901년 어두운 한국사회의 현실을 복음으로 극복하겠다는 의지를 갖고 자신의 사랑채에서 예배를 드리기 시작하였는데, 이것이 괴동교회의 출발인 것이다.

괴동교회가 박군현에 의해 세워지면서 1902년 안동필과 박문천이 출석하였고, 곧 교인이 10여 명으로 늘어났다. 당시 괴동교회에 대한 인식이 매우 좋아 마을 청소년들이 교회로 몰려들었고, 장년들까지 교회를 찾게 되어 1903년에는 자력自力으로 교

포항 대송교회의 괴동교회 때 모습

회를 신축할 수 있었다.

괴동교회의 역사에서 중요한 또 한 분이 있는데, 그가 바로 박문천이다.

박문천은 괴동교회의 첫 성도로, 평양신학교를 졸업한 뒤 대구제일교회를 비롯한 몇 교회에서 목회를 하셨고, 현 대구대학의 전신인 대구명도학교를 설립하여 교육에 큰 영향력을 끼치시기도 하셨다.

괴동교회는 1969년 포항제철의 단지조성 관계로 장흥교회와 통합해 대송면으로 옮기면서 현재의 대송교회로 이름을 바꾸게 된 것이다. 박군현 한 사람의 신앙이 사회를 변화시킬 수 있다는 증거를 대송교회의 역사는 오늘에 보여 주고 있다.

박군현이 믿음 생활을 시작한 일본교회는 어떻게 시작된 것일까?

일본의 기독교는 우리나라보다 훨씬 빠른 1869년(명치明治 2년)에 미국장로교회에서 파송한 크리스토퍼, 카로더스 부부에 의하여 동경에 처음 교회가 세워지며 시작되게 된다.

오늘날 일본의 기독교는 우리나라보다는 복음화율은 낮지만 세계적인 신학자인 우찌무라 간조(內村鑑三 うちむら かんぞう, 1861~1930)나 동지사대학을 설립한 니지마

죠(新島襄にいじまじょう, 1843~1890) 같은 훌륭한 지도자에 의하여 많은 사회지도자들을 배출하였다.

이들의 제자들이 사회의 정직正直과 염치廉耻를 국민에게 가르쳐 선진 일본을 만드는 정신의 초석礎石을 만들어 나간 것이었다.

일본이 빠른 시간 안에 세계적인 경제 강국을 이룬 배후에는 교육의 역할 못지않게 성경의 말씀을 실천한 소수의 일본교회 성도들의 역할을 무시할 수 없다고 생각을 한다.

우지무라 간조 같은 훌륭한 신학자가 일본교회에서 결혼 문제로 무교회주의자無敎會主義者가 된 것은, 일본교회가 사회에 뿌리를 내리는 데 어렵게 한 요인으로도 볼 수가 있다. 우리는 우찌무라 간조 한 사람을 보더라도 교회 중심의 신앙생활이 얼마나 중요한지를 생각해 보게 되는 것이다.

그러나 우찌무라 간조는 "크리스쳔은 일본에 속하였으며 일본은 지구에 속한 나라이고, 지구는 우주에 속하고 우주는 예수 그리스도에게 속하였으며 예수 그리스도는 하나님께 속하였다"라는 신학으로 강력한 영향력을 사회에 끼치게 한 공이 큰 것이다.

우리나라에도 그의 제자들로, 함석헌과 『성서조선』을 발간한 김교신, 한국의 슈바이처 장기려 박사 같은 분들이 있다.

우리는 신앙의 성숙을 위하여 성경공부를 하는 것이 매우 필요하지만, 성경공부팀이 교회 내의 목회자의 영향력 밑에서 예수 그리스도의 제자도弟子道를 배우고 실천을 해야 하는 것이다. 특히 교회 중심의 신앙생활은 교회와 개인의 신앙의 건강을 위하여 매우 중요하다고 보는데, 많은 이단異端종파들이 대개 성경공부라는 매개체를 이용하는 경우가 많아 이야기를 하는 것이다.

다음에는 포항에서 가까운 울릉도에 교회가 세워진 역사를 살피고자 선플라워호에 몸을 실었다.

배 멀미를 막는 길은 경치구경을 일찍 포기하고 화장실을 다녀와서는 배 바닥에 납작이 누워서 도동항에 닿기만을 기다리는 것이다. 이것이 울릉도 여행을 하는 요령 1호인 것을 다시 이야기하는 것은 그만큼 고생을 한 것이 기억이 나서 드리는 말이다.

울릉 간령교회 모습

2 울릉도 Mission Road를 걷다

간령교회: 울릉군 울릉읍 사동리 583
☎ 054-791-2915

천부제일교회: 울릉군 북면 천부리 519
☎ 054-791-6067

†인류의 모든 족속을 한 혈통으로 만드사 온 땅에 거하게 하시고 저희의 연대를 정하시며 거주의 경계를 한하셨으니 이는 사람으로 하나님을 혹 더듬어 찾아 발견케 하려 하심이로되 그는 우리 각 사람에게서 멀리 떠나 계시지 아니하도다 우리가 그를 힘입어 살며 기동하며 있느니라(사도행전 17:26-28)

울렁울렁 울렁대는 울릉도를 처음 찾은 때는 1996년 12월 방학을 맞이하여 교사들과 함께 도동의 양문교회를 방문한 때였다. 이때 만난 양문교회의 원용국 목사의 간증에서 은혜를 받았다.

"1987년부터 울릉도에서 교회의 개척에 실패하고 밤중에 육지로 가족과 도망가려고 배 시간을 기다리는 중에, 어린 외아들이 부엌의 끓는 물에 빠져 전신 화상을 입었습니다. 저는 이때 짐을 다시 풀고 동해 바다가 보이는 산꼭대기에 올라가서 아들을 살려 달라고 목숨을 건 처절한 기도를 하였습니다. '하나님. 제가 목회에 실패한 것도 서러운데 외아들마저 죽으면 제가 어떻게 다른 사람들에게 살아 계신 하나님을 증거하겠습니까? 저의 아들을 한 번 살려 주시면 다시는 울릉도를 떠나지 않고 목회를 하겠습니다!'"

그때 원 목사는 마음속에서 "너는 왜 도망가려 하느냐?"라는 성령님의 음성을 들었다고 한다. 그 후 원 목사는 매일 도동항이 내려다보이는 기도봉이라는 절벽 꼭대기로 밧줄을 잡고 올라가서, 한국과 교회 그리고 청소년 복음화를 위해 기도하였다고 한다.

원 목사의 간증에 은혜를 받은 필자는 원 목사를 따라 밧줄을 잡고 기도봉에 올랐는데, 보통 무서운 일이 아니었다. 그날 원 목사와 함께 기도봉에 올라가 기도한 것은 겁이 많은 필자가 담력을 기르는 절호의 기회가 된 것이었다.

우리는 믿음의 에너지를 행동의 에너지로 바꿔야 기적을 체험할 수가 있는데, 이때 배짱이 절대적으로 필요한 것이다. 성경에도 하나님이 크게 사용한 사람들은 모두 겁을 버린 사람들인데, 베드로를 비롯한 많은 제자들이 예수님과 같이 다니면서 겁이 없는 믿음의 사람으로 변화를 받은 것이었다.

기도봉에서 같은 비전으로 기도한 원 목사와 함께 청소년을 위한 전도지 '늘푸른 교실'을 발행하면서 울릉도에는 여러 번 방문을 하였다.

울릉도라는 신비한 섬

울릉도는 하나님이 우리나라에 주신 보배 같은 섬으로 총 면적이 약 73km²이다.

인구는 약 1만 1천 명 정도로 가장 가까운 육지는 삼척군의 임원항이며 약 137km 정도 거리인데, 오히려 약 217km 정도 떨어진 포항까지 선플라워호로 약 3시간 걸리기 때문에 왕래가 빈번하다.

울릉도는 독특한 생태환경이 보존되어 있으며, 독도와 가깝고 수산자원과 광물자원 등이 풍부한 축복의 섬이다.

울릉도는 예부터 우산국이라고 불렀는데, 신라 지증왕 때(512년) 이사부가 우산국을 정벌하였다는 기록이 남아 있으며, 조선 말기 고종 때(1883년) 16가구 54명이 태화동에 내리면서 울릉도의 개척사가 시작되었다.

개척단이 들어오기 전에는 한국인이 116명, 일본인이 79명 살고 있었고 주민들 절반은 오징어잡이로 생계를 유지하고 있었다. 저동항은 30톤짜리 어선 1,500여 척이 머물 수 있는 어업 전진기지이며, 일본이 독도 영유권을 계속 주장하기 때문에 울릉도와 독도는 그 중요성이 증가되고 있다. 특히 독도 일대의 바다 밑에는 미래의 에너지 광물자원이 풍부하여 개발을 기대하고 있는 것이다. 일본이 그렇게 끈질기게 독도 영유권을 주장하는 이유는 바로 이 자원들에 눈독을 들이고 있기 때문이다.

울릉 선교 100년의 역사

울릉도에 몇 번 오면서 다른 곳에 비해 풍어제 등 민속신앙의 흔적을 보기가 힘들었다. 이것은 울릉도의 곳곳에 일찍 세워진 40여 개 교회들의 영향 때문이라는 생각을 하게 된다.

2005년 통계에 의하면 복음화율이 31.7%로 경북에서 가장 높은 수치라고 하며, 37개의 교회에서 2,639명의 성도가 신앙생활을 열심히 하고 있는 울릉도에는 언제 누구에 의하여 처음 교회가 세워졌는지 궁금하다.

1882년 울릉도의 개척령이 내려진 후 육지에 살던 성도들이 생활고와 친척들의 박해를 피해 울릉도에 들어오게 되는데, 포항에 살던 황경선이 이곳에 들어와서 복음을 전하였다고 하나 기록은 없고 이름만 남아 있다.

기록으로 남은 역사로는, 1909년 5월 10일 삼척군의 '부호감리교회'의 김병두 전도사가 사동에 간령교회를 개척하였다고 한다. 이어 나리동에 거주하던 함영수, 송광수 등이 나리교회를 설립하고 이어 같은 해에 장흥교회, 저동교회, 도동교회가 세워지게 되었다.

"울릉도는 바람과 기후의 변동이 심하고 자녀교육을 위하여 육지로 나가는 관계로 인구가 점차 줄고 있는 실정이라 교회의 운영이 쉽지가 않습니다."

울릉도에서 목회를 하시는 어느 목회자의 말씀이다.

그런 가운데 근래 나리침례교회를 맡은 하연수 목사 같은 분은, 나리분지의 포근한 풍경과 인심 좋은 주민들 때문에 행복한 목회를 하고 있다.

울릉도 기독교 90년사를 보니, 1935년에 찍은 부흥회 사진과 울릉도 최초의 목사 이창영 부부의 모습을 볼 수가 있었다.

특히 2009년은 '울릉 선교 100주년'을 맞는 해가 되는데, 울릉도 교회들은 힘을 모아 대대적인 행사를 준비 중이라고 한다. 2009년에는 선교 100주년 기념행사에 참여도 하고 겸사하여 독도방문, 성인봉 트래킹, 나리분지 트래킹, 섬일주 여행 등을 즐기기 위하여 다시 울릉도를 찾을 예정이다.

다음은 울릉도 못지않게 아름다운 제주도의 역사현장을 찾고자 한다.

6
제주도 유적답사

제주도 기독교 역사유적 답사기
1_제주도의 첫 예수 공동체, 금성교회
2_이기풍 목사와 성안교회
3_성내교회를 찾아서
4_이기풍 선교기념센터
5_제주도의 첫 순교자 이도종 목사의 대정교회
6_군복음화의 역사현장 강병대교회

제주도 기독교 역사유적 답사기

†주 여호와께서 이 뼈들에게 말씀하시기를 내가 생기로 너희에게 들어가게 하리니 너희가 살리라 너희 위에 힘줄을 두고 살을 입히고 가죽으로 덮고 너희 속에 생기를 두리니 너희가 살리라 또 나를 여호와인 줄 알리라 하셨다 하라 이에 내가 명을 좇아 대언하니 대언할 때에 소리가 나고 움직이더니 이 뼈, 저 뼈가 들어맞아서 뼈들이 서로 연락하더라 에스겔 37:5-7

한반도 서남쪽 태평양 가운데 마침표처럼 섬 하나가 떠 있다. 제주도의 남녘 해안에 꽃이 피면 우리나라에 봄이 오기 시작하는 것이다.

제주도의 평균 기온은 14.6도이며 겨울에 가장 추워도 4.7도이다. 그리고 지대의 높이에 따라 온대, 난대, 한대성의 온도이므로 약 1,700여 종의 다양한 식물들이 사는 보물섬이다. 지금이야 관광지로 개발이 되어 교통이 편리하지만 50년 전만 해도 척박한 땅에서 모진 삶을 이어 오던 변방이던 곳이다. 그 곳 사람들은 제주도를 '기쁨은 모래알만하고 시련은 바위만한 섬' 이라고 부르기도 하였다.

과거 외국과 한반도의 접촉점은 제물포항(인천항)이나 부산항 등을 중심으로 이루어졌지만, 조선시대 서양 사람들과 접촉하는 데 있어서는 제물포보다 약 300년이나 앞섰던 중요한 지정학적인 위치의 섬, 제주도로 시간 속 여행을 가고자 한다.

제주도는 어떤 섬일까?

1700년대 프랑스나 1794년대 런던에서 만들어진 고지도古地圖를 보면, 한반도의 제물포보다 제주도를 케파에르트Quelpaerts라는 섬으로 크게 부각하여 항해하는 선박들에게 중요한 섬으로 알려졌었다.

고지도의 제주도 표기가 케파에르트인 것은 부근에 있는 가파도에서 나온 이름이 아닌가 하는 생각이 들기도 한다. 기록에 의하면 최초로 한국에 온 서양사람은 1582년 파도에 밀려 제주도에 도착한 국적을 모르는 빙리이憑里伊라는 사람인데, 발견 즉시 체포되어 중국으로 압송되었다고 한다.

다음으로 1653년 8월 16일에 타이완을 출발하여 일본으로 가던 네덜란드 선적의 스페르웨르Sparwehr호가 제주도의 모슬포 부근에서 풍랑을 만나서 난파를 당하였다. 배의 선원 64명 중에 살아 남은 36명은 제주도의 대정현에 상륙을 하였으며, 13년 간 억류되었다가 1666년 8월 30일 일본으로 탈출하여 고국 네덜란드로 돌아가게 되었다.

이 배의 서기였던 하멜(Hendrik Hamel, ?~1692)은 귀국 후 유럽에 은둔의 나라 조선을 알리는 『하멜표류기漂流記』에서 제주도를 케파트Quepart라는 지명으로 소개하고 있다. 1789년에는 프랑스 함대가, 1845년에는 영국의 사마랑Samarang호가 해안가를 다녀간 역사가 남아 있다.

오랫동안 민속신앙이 특히 강하던 제주도에서는 1889년에 천주교가 처음 들어와서 대정읍에서 주민과 천주교인들 사이에 마찰이 시작되었고, 1901년에 이재수李在守의 난으로 비화되어 309명의 천주교인들이 죽는 비극이 일어났었다.

이런 일련의 역사적인 사건으로 인하여 제주도 사람들은 외지인이나 타 종교에 대하여 적대감이 무척 커서 '배타심'이 일종의 종교가 되다시피 하였다. 제주도의 고립적이고 배타심이 강한 독특한 문화 속에서 교회가 세워져 나간 역사를 오늘에 살펴보는 것은 대단히 중요한 것이다.

역사의 기록을 무엇이라고 정의를 할까?

과거의 전통傳統을 되살려 미래의 환경에 적합하도록 다시 최적화시키는 일을 오리엔티어링Orienteering이라고 부른다.

필자는 역사를 마른 뼈에 생기를 불어넣는 작업이라고 생각을 하는데, 그 이유는 역사적인 사실事實들은 오랜 시간 마른 뼈와 같이 말라 있는 경우가 대부분이기 때문이다.

여기에 힘줄과 살을 붙이고 뼈를 맞추며 마지막에 하나님의 생기生氣를 불어넣어 오늘에 다시 살려내는 것이 역사의 기록이기에, 역사를 책상머리에서 기록하는 것이 아니고 마른 뼈가 된 현장에 직접 가서 성령님의 인도를 받아 말씀으로 살과 힘줄을 붙이는 작업을 하고 있는 것이 더욱 의미가 있다고 생각을 한다.

지금부터 독자들과 제주도의 기독교 역사현장으로 떠나고자 한다.

† 이스라엘 자손들에게 일러 가로되 후일에 너희 자손이 그 아비에게 묻기를 이 돌은 무슨 뜻이냐 하거든 너희는 자손에게 알게 하여 이르기를 이스라엘이 마른 땅을 밟고 이 요단을 건넜음이라(여호수아 4:21-22)

금성교회

1 제주도의 첫 예수 공동체, 금성교회

제주시 애월읍 금성리 ☎ 064-799-0004

†오직 여호와를 앙망하는 자는 새 힘을 얻으리니 독수리의 날개 치며 올라감 같을 것이요 달음박질하여도 곤비치 아니하겠고 걸어가도 피곤치 아니하리로다(이사야 40:31)

제주도만큼 빠르게 발전한 곳도 우리나라에서는 드물다. 참으로 아름다운 풍광을 가진 제주는 사계절 가리지 않고 모두가 가고 싶어하는 섬이지만, 옛날에는 사람이 살기도 너무 힘든 낙도여서 조정에서 가장 중죄인들만 골라 절해의 섬 제주도로 보냈던 것이다.

한때 몽골 사람들이 침략해서 그들의 영토로 삼기도 하였고, 일본 사람들이 수시로 들락거린 변방이었던 이 척박한 섬은 한국어, 몽골어, 일본어의 화석들이 남아 있어 언어의 보물섬이라고도 할 수가 있다.

김포공항을 이륙하여 약 50분이면 도착하는 제주도 남해의 아름다운 다도해를 지나는가 했더니 어느새 제주공항으로 내려앉는다. 몇 달 전 호주를 다녀올 때 시드니 공항에서 이륙한 비행기가 4시간을 지나도 호주 대륙을 벗어나지 못하던 것을 생각하면, 우리나라는 아름답지만 작은 나라라는 생각을 지울 수가 없다.

공항을 나서는 순간 야자수와 유도화 등이 눈에 들어오니 다른 나라에 온 듯한 착각을 일으키게 되는데, 신비하고 아름다운 제주가 근래 세계자연문화유산에도 등재가 되어 한국의 보물섬이 된 것이다.

우뚝 선 한라산은 늘 구름에 가려 자신의 모습을 잘 드러내지 않지만 그 위용은 참 장엄한데, 높이가 1,950m에 달한다. 그 높이를 암기하려면 '한 번 구경 오십시오' 하면 쉽게 암기가 된다. 한라산은 특히 여름을 지나면서 우리나라에 꼭 들리는 반갑지 않은 친구, 태풍을 온몸으로 막아 일본이나 중국 쪽으로 빠져 나가게 하는 효자 노릇을 톡톡히 하고 있는 섬이다.

예부터 '망해서 울고 들어와 떠날 때는 서운해서 울고 떠난다' 라는 섬 제주도는, 넓이는 서울의 네 배이지만 인구는 50여만 명 정도 살고 있어 쾌적한 환경을 유지하고 있다.

제주도는 추석이나 한식이 되면 전국에서 유일하게 모든 공무원과 학생들에게 벌초휴가를 주어 조상을 숭배하게 하는 풍속이 있는 곳이다. 제주도가 다른 곳에 비해 기독교 복음화 비율이 낮으며, 많은 교회들이 경제적으로 자립하지 못한 이유와 관련이 크다고 보겠다.

2008년은 제주도에 복음이 들어온 지 100주년이 되는데, 현재 교회는 360여 개이며 성도는 약 4만 5,000명으로 제주 인구의 7% 정도가 된다. 제주도의 교회들은

'은혜의 100년 희망의 100년 교회여 일어나 빛을 발하라' 라는 주제를 가지고 대대적인 100주년 기념행사를 갖고 있다.

제주도에 복음을 전한 첫 사람은 누구일까?

공식적으로 제주도의 복음화는, 1907년 평양신학교를 졸업한 한국의 첫 목회자 이기풍(李基豊, 1865. 12. 23~1942. 6. 20) 목사를 제주도 선교사로 파송한 1908년을 그 출발로 본다.

이기풍 목사는 1907년 평양신학교를 졸업하고 제주도에 첫 교회를 세우기 위하여 배로 제물포를 출발하여 목포를 거쳐서 제주로 향하였지만, 큰 풍랑을 만나 배가 침몰하는 바람에 추자도 부근에서 죽을 고비를 겪고 간신히 살아났다.

이 목사는 다음해에 재차 제주도에 입도入島를 시도하여 1908년 4월 초순경 산지포에 도착을 하게 되는데, 제주도 첫 교회의 출발을 이기풍 목사가 도착한 해인 1908년으로 공식기록을 하고 있는 것이다.

이 공식기록 외에 '조선 야소교 장로회 금성교회 당회록'에는 1907년 3월 둘째 주일에 조봉호趙鳳鎬, 이도종李道宗, 김진실 등 8명이 애월읍 금성리 바닷가의 양석봉梁石峰 씨 댁에 모여 기도 모임을 하였다는 기록이 남아 있다. 이 기록은 오기誤記일 가능성도 있지만 이미 금성리에는 1904년 기독교인이 된 경신학교 출신의 조봉호가 살고 있었기에 사실일 가능성이 크다고 보겠다. 현재의 금성교회와 가까운 곳에는 당시 양석봉의 집이 남아 있는데, 연구를 깊이 하여 보존할 필요가 있다고 생각을 한다.

이기풍 목사가 제주도에 와서 복음을 전하던 당시의 제주도는 무속巫俗의 섬으로, 누구하나 이기풍 목사의 소리에 귀를 기울이는 사람은 없었다고 한다. 그래도 이기풍 목사는 낙심하지 않고 섬을 일주하며 복음을 전하던 중 지쳐서 금성리 바닷가에서 탈진하여 쓰러지고 말았는데, 한 해녀의 도움으로 생명을 구하였으며 이 목사는 이때부터 해녀들의 도움으로 제주도에 교회를 세워 나가는 일을 시작하게 된 것이었다.

아마 이 해녀도 양석봉 씨 집에서 기도하던 8명 중의 한 사람이 아닌가 하는 상상

독립운동을 하다가 순국한 조봉호 기념비

을 해보는 것이다.

제주도에는 이기풍 목사에 의하여 금성교회, 성안교회, 성내교회, 조천교회, 갈금포교회, 세화교회 등이 차례로 세워져 나가게 된다.

첫 기도 모임을 주도한 조봉호는 누구인가?

조봉호는 부농富農의 아들로 태어나 서울의 경신학교와 평양의 숭실학교를 졸업하고 제주도 금성리에 온 엘리트로, 첫 기도 모임을 이끌고 나중에 조사(전도사)가 되어 제주에 온 이기풍 목사를 도와 금성교회를 세우는 데 협력을 하신 분이기도 하다.

그는 1919년 3·1 만세운동이 전국에 번질 때 제주도민 4,450명에게서 1만 원을 모금하여 상해임시정부의 군자금으로 보냈는데, 이 사실이 왜경倭警들에게 탄로가 나서 60여 명과 같이 구속이 되자 자신이 모든 책임을 지기로 결심하고 동지들을 구한 후에 재판을 받게 된다.

그 해 대구형무소에 수감되어 모진 고문의 후유증으로 인하여 1920년 4월 28일에 38세의 나이로 순국을 하였는데, 자신의 생명과 재산 모두를 교회를 세우고 국가의 국권을 회복하는 데 쓰고서 38세의 아까운 나이로 세상을 떠난 것이다.

일제가 조봉호의 많던 모든 재산들을 압류하는 바람에 가족들이 거지가 되었으며,

금성교회 첫 기도처소로 추정되는 양석봉의 집터

선생님의 유해도 인수하지 못해 지금껏 묘지조차 없다. 해방 후에 정부에서는 그분의 업적을 기리어 가족들에게 건국훈장을 수여하고, 1977년에 사라봉 기슭에 모충사慕忠詞를 짓고 기념비도 세워 놓았다. 근래 제주도를 찾는 많은 분들이 이곳을 찾아 조봉호 선생의 신앙과 희생을 돌아보고 있다.

모충사는 제주시 건입동의 사라봉에 있는데, 조선시대 1795년 제주에 큰 기근饑饉이 들었을 때 김만덕이 전재산을 내어 굶주린 백성을 구한 것을 기리는 사당이 있다. 모충사의 중앙에는 의병항쟁 기념탑이 있고 왼쪽에는 조봉호 기념탑이, 오른쪽에는 제주의 어머니 김만덕의 묘탑이 20m 높이로 삼각형을 이루며 우뚝 솟아 있다.

금성교회의 태종호 목사가 들려주는 조봉호의 이야기를 들으면서, 금성교회에서 약 100여 미터 떨어진 골목 안의 양석봉 씨 집을 찾았다. 허름한 양철집이지만 이기풍 목사가 제주도에 오시기 1년 전부터 조봉호를 중심으로 예수 그리스도의 이름으로 8명이 모였던 제주 최초의 기도처소인 금성교회의 출발지인 것을 생각하니 의미가 다르게 다가왔다.

양석봉 씨 집의 바로 옆에 쓰러져 가는 작은 예배당이 허름하게 남아 있는데, 이 건물은 제주 출신의 첫 목회자이며 순교자인 이도종 목사의 부친인 이덕연이 사재私財를 들여 1923년 지은 금성교회의 네 번째 예배당이라고 한다. 건물이 워낙 낡아 1973년 벽돌로 다시 지은 것인데, 1994년 현재의 금성교회를 건축하면서 귀한 예배

옛 금성교회의 네 번째 건물 모습

당 건물이 방치되어 퇴락한 모습을 보여 주고 있었다.

"제주도의 첫 기도처소인 양석봉 씨 댁과 옛 금성교회 예배당의 건물은 한국교회가 보존해야 하는 귀한 재산이라는 생각을 하는데 이야기를 해도 듣는 분들이 없어 안타까워요."

태종호 목사가 하는 말씀이다.

"하나님께서 제주도에 어떻게 교회를 세워 나가셨는지를 보여 주는 중요한 증거가 되기 때문에 잘 보존을 하시다 때가 되면 알아주는 사람들이 나타날 것입니다."

태 목사의 말을 듣고 드린 필자의 말이다.

태 목사의 제안이 한국교회에서 받아들여지면 제주도의 교회의 출발이 1908년이라는 공식기록을 넘어 1907년으로 1년을 당길 수 있는 것이다.

한국 기독교 역사학의 권위자인 감신대 이덕주 교수는 '춘천중앙교회 100주년 기념강좌'에서 "선교의 시작은 담임 교역자의 유무가 아니라 복음의 씨앗이 처음 떨어진 시점으로 보아야 한다"라는 주장을 하였는데, 그 관점에서 본다면 금성교회야말로 제주도의 교회 중에도 첫 번의 귀한 교회라는 생각을 한다.

금성교회를 나와 제주도 중심가에 있는 이기풍 목사가 세운 옛 성안교회를 찾고자 한다.

성안교회 100주년 기념성전

2 이기풍 목사와 성안교회

옛 성안교회: 제주시 삼도 2동 606-1

성안교회 100주년 기념성전: 제주시 아라 1동 2349-1
☎ 064-745-9191 www.jejuseongahn.org

† 너희가 내 안에 거하고 내 말이 너희 안에 거하면 무엇이든지 원하는 대로 구하라 그리하면 이루리라 너희가 과실을 많이 맺으면 내 아버지께서 영광을 받으실 것이요 너희가 내 제자가 되리라 아버지께서 나를 사랑하신 것같이 나도 너희를 사랑하였으니 나의 사랑 안에 거하라 (요한복음 15:7-9)

이기풍 목사 선교기념비(이기풍 선교기념센터)

이기풍 목사 선교기념비(성안교회)

제주도의 첫 선교사인 이기풍 목사의 발자취를 따라가며 한국교회가 순교 신앙의 전통 위에 세워진 것을 새삼 깨닫게 된다.

우리는 그 전통을 신뢰Trust하며 전통을 오늘에 이식Transplant하고 그 전통에 추진력Turbocharge을 더해야 하는 것이다. 그래야 밝은 우리의 미래가 열리게 되기 때문이다.

하나님께서는 순교 신앙의 전통을 한국교회에 계승시키려고 이기풍 목사의 자녀 중에 가장 몸이 약하던 따님 이사례 권사를 아직까지 남기셨다. 이 권사는 8순을 넘긴 연세에도 불구하고 부친의 생전의 삶을 간증할 때면 어디서 나오는 힘인지 듣는 사람들이 크게 감동을 받는다.

필자가 몇 년 전 조천읍의 이기풍 선교기념센터에서 '순교 신앙'을 주제로 '교사 세미나'를 개최할 때, 이사례 권사를 강사로 모시고 남해바다를 건너올 때, 기내에서 계속 눈물을 흘리시기에 이유를 물은 적이 있다.

"옛날 아버님이 제주에 가려고 목숨을 걸고 건너던 바닷길을 나는 편안히 비행기를 타고 건너니 아버지 생각에 목이 메이네!"

하기야 제주도로 대학시절 졸업여행을 갔던 1968년, 목포항에서 가야호를 타고 9시간 걸리는 뱃길에서 지독한 멀미로 죽는 줄로만 알았던 기억이 난다.

이기풍 선교사가 제주에 개척한 교회 중에 현재 가장 큰 곳은 성안교회인데, 필자는 제주도에 올 때면 교통이 좋은 성안교회에서 예배를 드려 왔다. 그리고 반드시 뒤

뜰에 있는 이기풍 목사의 '제주선교기념비'를 다시 읽어 보았는데, 제주도의 선교 역사를 핵심적으로 기록한 귀중한 자료라고 생각하기에 전문을 옮겨 보기로 한다.

'이기풍 목사 제주 선교기념비문'

하나님께서 한반도 남쪽에 아름다운 섬 제주도를 주셨다. 조상 대대로 바다와 하늘밖에 모르며 미신 속에서 살아온 이 섬에 복음의 빛을 비추시려고 한 아기를 주셨으니 그가 1865년 12월 23일 동대문 밖에서 태어난 이기풍이다. 한국 기독교사에 기록된 것을 보면 이때는 중국에서 선교하던 영국 선교사 토머스 목사가 1865년 9월 황해도 해안에 와서 선교하다가 돌아갔으며 그 이듬해에 다시 대동강 상류로 올라가며 전도하다가 9월 3일 목 베임을 당하니 그가 한국 기독교 첫 순교자이다. 그리고 이기풍의 성장기는 병자수호조약(1876), 임오군란(1882), 갑신정변(1884), 동학란 등 국가의 사정이 매우 혼란한 때였다. 마펫 S.A. Moffett 선교사의 턱을 돌로 쳐서 쓰러뜨렸던 평양성의 불량청년 이기풍은 스왈렌 선교사를 찾아가 눈물로 회개하였다. 그는 1886년경 봄 19세에 마펫 선교사에게 세례를 받고 함께 전도생활을 하다가 1903년 평양신학교에 입학하였으며, 1907년 9월 17일 졸업과 동시에 조선예수교장로회에서 한국 최초로 목사안수를 받은 7인 중의 한 사람이다. 그 장로회 창립기념으로 이기풍 목사를 한국 최초의 선교사로 제주도에 파송할 것을 다음과 같이 결의하였다. 1. 새로 안수한 목사 칠인 중 일인을 선교사로 파송할 일. 2. 이기풍 씨를 제주 선교사로 보내되 월급은 전도국에서 지출할 일. 1908년 2월경 겨울 그는 노회의 명을 받고 추위를 무릅쓰고 가족과 함께 절해의 고도 제주도를 향하여 인천항을 출항하였으나 풍랑으로 난항 중 겨우 목포항에 도착하여 그 곳에 가족을 둔 채 홀로 제주도를 향해 오다가 추자도 근해에서 심한 풍랑으로 승무원 전원이 사망하였으나 그만이 하나님의 은혜로 사경에서 파도에 밀려나와 추자도에 상륙, 회생하였다. 1908년 4월 초순 그는 제주도 산지포에 도착하여 복음을 전하기 시작하니 이때부터 제주도민을 위한 생명의 빛이 비치게 된 것이다. 얼마 후 경성에서 예수교인이 되고 세례를 받고 온 김재원을 만나 홍순홍, 김행권과 함께 1908년 6월경 향교골에서 예배드리기 시작하니 이것이 이 땅의 첫 교회인 제주성내교회가 탄생하게 된 것이다. 당시 20여 명의 신도들이 모여 예배드렸다. 1909년 1도리 중 인문 안에 초가 여섯 칸을 매입하여 예배당으로 사용하였고, 그 해에 평양 널다리교회여전도회에서는 이선광 선교사를 파송하여 5년 간 돕게 하였으며 김홍련 전도인의 수고가 많았다. 1910년 제주성내교회는 옛 출신청을 매입하여 교회당으로 사용하였다. 그는 제주도를 돌아다니며 전도하다가 과로로 성대를 상하여 휴양차 광주로 떠나기까지 제주성내교회를 비롯 금성 · 성읍 · 조천 · 갈금포 ·

한림·세화교회 등 여러 교회를 설립하였으며 그 후 1927년 2월 재입도하여 1932년까지 15년 간 이 땅의 복음화를 위해 자신을 바쳤다. 그는 장로회장(1909)을 비롯하여 전남장로회장 2회(1920, 1929) 제10회 총회장(1921) 등 한국교회의 창건과 발전을 위하여 그의 생애를 바쳤다. 그는 제주 선교 외에도 광주의 양림교회, 순천의 순천교회에서 목회했고, 일제 말에 그는 노구에도 불구하고 신사참배에 항거하다가 모진 고문을 당하며 옥고를 겪고 1942년 6월 20일 순교하셨다. 우리 주님께서 "한 알의 밀이 땅에 떨어져 죽지 아니하면 한 알 그대로 있고 죽으면 많은 열매를 맺느니라"(요 12:24)고 말씀하신 대로 그는 달려갈 길을 다 가고 믿음을 지켰으며 생명까지 바쳤다. 이 땅 제주도에는 오늘날 140여 교회의 3만 5천여 명의 성도들이 있다. 한국 선교 100주년이 되는 이때 우리는 그분이 복음의 씨를 심고 떠나가신 지 53년이 되며 그 첫 열매가 된 제주 성안교회 창립 76주년을 맞는 뜻 깊은 날에 그분의 고귀한 선교의 생애를 기념하고자 이 비를 세우다.

- 주후 1984년 2월 1일, 교회창립 76주년을 맞으면서 제주성안교회 교우일동 -

성안교회는 2008년 2월 창립 100주년을 맞이하여 아라 1동에 아름다운 디자인으로 100주년 기념성전을 짓고 헌당예배를 드렸다. 제주시청에서 5·16 도로를 이용하여 제주대학교 방향으로 가다가 제주여고 부근에 성전이 있다.

다음은 성안교회와 같은 뿌리를 가진 성내교회와 이기풍 목사의 선교를 기리는 이기풍 선교기념관을 찾고자 한다.

성내교회

3 성내교회를 찾아서

제주시 삼도 2동 907-1 ☎ 064-753-8201
www.jsnch.org

†내가 주의 법을 어찌 그리 사랑하는지요 내가 그것을 종일 묵상하나이다 주의 계명이 항상 나와 함께 하므로 그것이 나로 원수보다 지혜롭게 하나이다 내가 주의 증거를 묵상하므로 나의 명철함이 나의 모든 스승보다 승하며 주의 법도를 지키므로 나의 명철함이 노인보다 승하나이다 (시편 119:97-100)

옛 성안교회에서 바다쪽 방향의 삼도 2동에 가면 성내교회가 있는데, 1908년 2월 1일 이기풍 선교사가 김재원, 홍순원 등과 향교골에 세운 제주도의 첫 교회라고 불리고 있다. 성내교회는 제주도 선교 100주년을 맞이하여 250여 명의 성도들이 제주 출신의 이동준 목사를 중심으로 제주도의 독특한 분위기에 맞는 역사적인 교회를 만들고 있었다. 성내교회의 역사 속으로 여행을 떠나고자 한다.

되살아나는 이기풍 목사의 헌신적 리더십

지금의 한국사회와 교회의 위기는 리더십의 위기라고 보는데, 항상 시대의 말기에는 어린 사람이 어른을 다스리는 무질서의 행태가 나타나는 것이다. 그런 면에서 지금 우리 사회는 위기임에 틀림이 없는 것이다. 지금으로부터 꼭 100년 전 제주도에 교회를 세우기 위하여 제주에 도착한 이기풍 목사의 '버리고 떠나는 리더십'이 다시금 주목을 받게 되는 것이다. 이 목사는 원칙주의자이면서도 '노마드(nomad, 방랑자)' 선교사의 길을 갔는데, 안정적이고 편안한 삶을 의도적으로 떠나 어려운 지역에 교회를 세워 나가는 리더십을 발휘하였다. 그는 제주도 선교사역을 마치고 1916년부터 1942년 세상을 떠나기까지 26년 동안 사역지를 7차례나 바꾸며 험한 길을 갔으며, 노년에는 신사참배를 반대하다가 감옥에서 순교를 당하셨다.

진정한 리더는 예수님처럼 섬기는 리더십을 발휘하는 사람이다. 섬김을 말이 아닌 행동의 리더십으로 보여 준 초대교회의 이기풍, 길선주(吉善宙, 1869~1935), 한석진(韓錫晋, 1868~1939) 목사 등이 주목을 받는 것은 그만큼 이 시대에 참 리더가 드물다는 반증은 아닌지?

첫 교회가 성안교회인가? 성내교회인가?

제주도의 성안교회와 성내교회의 성도들은 자신의 교회가 제주도의 첫 교회라고 주장을 하는데 그 이유는 무엇일까? 성내교회는 교회의 설립일을 1908년 2월 1일로,

성안교회는 6월로 기록하고 있는데 충분한 연구를 거쳐 통일을 할 필요가 있는 것이다. 이기풍 목사가 1908년에 세운 교회는 성내교회였는데, 1941년에 성도들이 많아지자 동부와 서부교회로 나누어 예배를 드리게 되었다. 서부교회는 1953년에 다시 나뉘게 되어 성안교회와 성내교회로 나뉘어 발전을 하게 된 것이었다. 성내교회는 성안교회에 비하여 건물 규모는 작지만 제주도의 전통을 살린 독특한 건축양식을 보여 주고 있다. 1921년 박영효(朴泳孝, 1861~1939)가 당시 거금인 100원을 헌납하여 52평 규모의 건물을 지었고, 현재의 건물은 1974년에 다시 지은 건물이라고 한다.

제주성내교회의 역사에서 돌아볼 분 중, 이기풍 선교사를 도와 성내교회를 세운 김재원은 어떤 사람인가?

김재원은 서울에서 캐나다 출신의 의료선교사 애비슨(Oliver Avison, 1860~1956)을 만나 중병을 치료받고 그 은혜에 너무나 감사하여 예수님을 영접한 사람이었다. 제주도로 건너와 이기풍 목사를 도와 성내교회를 설립하였으며, 홍순홍과 같이 제주도의 첫 장로가 되었다. 이기풍 목사는 이들과 같이 성내교회뿐 아니라 1908년에 조천교회를, 1909년에 모슬포교회를, 1910년에 한림교회를 세워 나갔다.

우리가 이분들처럼 신앙생활에서 열매를 맺기 위해서는 어떻게 하여야 할까? 요한복음 15장에 있는 하나님은 농부이시며 열매를 맺지 아니하는 가지는 제하여 버리신다는 말씀을 읽을 때면 긴장을 하게 된다. 우리가 신앙생활에서 열매를 맺기 위해서는 주님께 꼭 붙어 있어야 하며, 붙어 있다는 것은 바로 말씀을 늘 묵상하고 거룩하게 사는 것을 의미하는 것이다.

다음은 이기풍 선교기념센터를 찾고자 한다.

† 주의 말씀은 내 발에 등이요 내 길에 빛이니이다 (시편 119:105)

이기풍 선교기념센터

4 이기풍 선교기념센터

제주시 조천읍 와흘리 산 14-3
☎ 064-782-6969 www.leekipoong.org

† 수고하고 무거운 짐진 자들아 다 내게로 오라 내가 너희를 쉬게 하리라 나는 마음이 온유하고 겸손하니 나의 멍에를 메고 내게 배우라 그리하면 너희 마음이 쉼을 얻으리니 이는 내 멍에는 쉽고 내 짐은 가벼움이라 하시니라(마태복음 11:28-30)

1997년에 장로교단에서는 이기풍 목사의 위대한 제

이기풍 목사 제주선교 100주년 기념비

주 선교 업적을 기리기 위하여, '이기풍 선교기념센터'를 북제주군 조천읍에 세우게 되었다. 제주 선교의 사명을 받은 이기풍 목사가 32세의 나이에 제주도에 오실 때 늘 묵상하신 말씀이다.

> † 스불론 땅과 납달리 땅과 요단강 저편 해변 길과 이방의 갈릴리여 흑암에 앉은 백성이 큰 빛을 보았고 사망의 땅과 그늘에 앉은 자들에게 빛이 비취었도다 하였느니라(마태복음 4:15-16)

이 목사는 제주도가 한국의 예루살렘이 되리라는 비전을 가지셨다. 주님의 사명을 끝까지 감당하시려고, 7순의 연세에도 일제의 신사참배 강요를 끝까지 반대하시다가, 옥중에서 모진 고문을 당하던 중, 1942년에 순

이기풍 선교기념관

교를 하셨다. 이분의 평생의 업적이 역사자료실에 완비되지는 않았지만, 제주 선교의 역사를 한눈에 볼 수 있는 자료들이 점차 모여지고 있다고 한다.

근래 선교센터를 찾는 많은 분들은 수련회나 가족모임 그리고 신혼여행을 와서 시설을 이용하고 있는데, 건물은 제주도산 화강암으로 지어져 아름다운 주변 경관과 어울려 한 폭의 그림과 같다. 1999년 4월 29일에는 선교센터의 대강당 맞은편에 제주 선교를 기념하는 사료실이 개관되어 제주를 방문하는 분들에게 좋은 자료들을 보여 주고 있다. 이 사료실은 한국교회 사료연구원(전화 02-745-5963)에서 선교 2세기의 막을 연 한국교회의 귀중한 선교 유산을 모아 후손들에게 계승하고자 만든 것으로, 이기풍 목사가 평양신학교를 졸업하고 제주에 선교사로 와서 사역하시던 모습을 담은 귀한 사진과 자료들이 있다.

이기풍 목사의 유자녀인 이사례 권사가 보관하던 자료들이 크게 도움이 되었다는데, 제주도의 선교 역사에 비해 사료가 빈곤한 것은 그 중요성을 알지 못해 자료들을 제대로 보관하지 않은 데 있다고 보겠다. 우리는 이제부터라도 신앙 선배들의 역사적 자료들을 잘 정리하여 보존하는 일을 게을리 하지 말아야겠다는 생각을 하게 된다.

기념센터를 나와 제주도의 해안을 따라 서쪽으로 돌게 되면 독특한 모양을 한 산방산을 만나게 된다. 산방산 아랫동네는 대정읍으로 제주 특유의 정취를 잘 간직하

순교자 유자녀

고 있는 마을이고 최남단 섬인 마라도와 가파도로 가는 배를 타는 곳이다. 또한 추사 김정희(金正喜, 1786~1856)가 제주에 귀양을 와서 지내던 고택古宅이 있는 곳이며, 해안과 들녘에는 일제시대 일본 군인들이 사용하던 진지와 비행장 등이 남아 있어 따로 일정을 잡아 아픈 역사를 자세히 살펴볼 필요가 있다. 그리고 제주도 출신의 첫 목사이자 첫 순교자인 이도종 목사가 시무하시던 대정교회가 있어 찾고자 한다.

대정교회

5 제주도의 첫 순교자 이도종 목사의 대정교회

제주도 남제주군 대정읍 안성리 1639번지
☎ 064-794-2984

†시험을 참는 자는 복이 있도다 이것에 옳다 인정하심을 받은 후에 주께서 자기를 사랑하는 자들에게 약속하신 생명의 면류관을 얻을 것임이니라(야고보서 1:12)

제주도는 참으로 아름다운 섬으로 갈 때마다 새로운 경치로 다가오는데, 화산폭발시 형성된 용암 동굴들과

이도종 목사 순교기념비

성산 일출봉 일대가 세계자연문화유산에 등재가 되어 앞으로 세계인들이 많이 찾아오는 곳이 될 것으로 생각된다. 제주도에 오는 분들은 자연의 아름다운 경관을 즐기면서도 기독교 역사 유산들을 찾기를 소망하여 본다.

어떤 관습이나 문화는 더는 전파되어 퍼질 곳이 없는 변방에 정착되어 남는 경우가 많다. 그것은 가장 얕은 곳에 물이 고이는 것과 같은 이치인 것이다. 어느 나라나 문화의 중심에서는 언어와 문화가 빠르게 바뀌게 마련이고, 중심에서 멀리 떨어진 변방에서는 변화가 느리게 마련이다. 이것이 제주도에 남아 있는 언어와 문화 그리고 역사의 중요성을 알고 우리가 가꾸어야 하는 이유인 것이다.

제주도의 기독교 역사현장으로는 애월읍에 위치한 금성교회를 비롯한 성안교회, 성내교회, 강병대교회 등이 있으며 첫 선교사로 오신 이기풍 목사를 기리는 기념관을 찾을 수 있다.

오늘 찾으려는 대정교회는 제주도의 대표적인 명산인 산방산이 바라보이는 위치에 있는데, 앞뜰에서 이도종(李道宗, 1892. 9. 13~1948. 5. ?) 목사의 순교기념비와 만나게 된다.

제주도에 자주 들리지만 대정읍만큼이나 제주도다운 곳도 드물다는 생각을 한다. 대정읍 해안가와 마늘밭 돌담 밑에는 지중해가 원산지인 수선화들이 눈에 자주 뜨이는데, 아마도 하멜처럼 바닷길을 따라 이민을 온 식물임을 짐작하게 한다.

또한 대정읍은 유명한 추사 김정희 선생이 8년 3개월 간 귀양살이를 하시던 곳이기도 하다. 김정희 선생은 이곳의 좋지 않은 환경에서 쉰다섯이 넘는 나이에도 불구하고 추사체라는 고유의 격조 높은 서체를 완성하였다. 추사는 이곳에서 가장 쓸쓸한 풍경화라는 〈세한도〉를 그리기도 하였다.

이도종 목사는 어떤 분인가?

제주도 출신의 첫 목회자이며 기독교 토착화에 큰 기여를 하신 이도종 목사는 100여 년 전 가난하던 제주도에서 태어나 평양에서 신학공부를 하셨다. 학교를 마치고는 제주도와 남원에서 사역을 하시면서 성경학교의 기금을 모으려고 중국의 상해와 만주를 다니신 분이었다.

한마디로 전도의 열정이 대단한 분이었는데, 책 속에서 만나는 이도종 목사의 옷의 매무새나 표정을 볼 때 절도節度Modesty가 몸에 밴 분이라는 생각을 지울 수가 없다.

이도종 목사는 1892년 9월 13일 한림읍 금성마을에서 경민장(警民長: 마을의 행정을 책임지는 자리)을 하던 이덕연李德連의 8남매 중에 장남으로 출생하였다. 이덕연은 서른세 살이 되던 때, 제주 향교터의 5일장에 갔다가 목소리 높여 전도하는 이기풍 목사의 설교를 듣고 예수를 믿기로 결심을 하게 된다.

"목사님 저의 어머니가 예수를 믿는 송정순인데, 저도 오늘부터 예수를 믿기로 작정을 하였습니다."

불과 7년 전 천주교의 이재수의 난을 가까이에서 지켜보았던 제주 사람들에게는, 서양귀신이 전하여 주는 종교를 받아들인다는 것은 쉽지가 않은 때였다. 이덕연의 집안은 이기풍 목사의 전도를 받아 예수를 믿고 제자가 되니 이는 1908년의 일이며, 교육열이 매우 높은 부친 덕에 이도종은 1910년에 평양의 숭실학교로 그리고 차남인 이의종은 평북 정주에 있는 오산학교에 입학을 하게 된다. 이도종은 1926년에 평양 신학교를 졸업하고 김제읍교회를 거쳐 1930년 3월에 서귀포 교회에 부임하였다. 이

이도종 목사 가족

　목사는 1947년 고산리에 거주하시면서 대정교회와 안덕교회를 순회하면서 교회를 돌보았다.
　1948년 5월 13일 고산리에서 대정교회로 예배를 인도하러 가던 중 무장한 공비들에 의해 무참하게 죽임을 당하셨다. 이 목사의 순교일이 기록에 6월 18일로 되어 있는데, 정확한 날짜를 확인하기가 어려운 것은 무장공비에게 끌려가 순교를 당한 행적을 아는 사람이 없기 때문이다. 단지 이 목사가 공비들에게 끌려가는 모습을 보리를 베던 농부들이 멀리서 보았을 뿐이라고 하는데, 시신屍身이 발견된 것은 사망 후 1년쯤 지나서였다.
　시신이 발견된 것은 산에 숨어 지내던 공비들 중에 배가 고파 산에서 내려온 '몽치'라는 별명의 사람이 이 목사의 시체를 유기한 장소를 알려 주었기 때문이었다. 몽치의 말대로 인향동 부근의 야산에 파 놓은 참호 속에서 부패한 이 목사의 시체를 발견하게 되었는데, 늘 자전거에 성경가방을 싣고 다니던 이 목사를 잘 아는 가까운 사람들에 의하여 살해된 것이었다. 이들은 이 목사를 납치한 후에 이념적으로 다르다는 이유로 그들의 방식대로 사살射殺한 것이었다. 대정교회에서는 이도종 목사가 순교한 장소에 기념비를 세우고 시신은 제주시 봉개동 명도암의 칠오름 앞에 위치한 가족공동묘지에 안장을 하였다.

당시 이 목사를 죽인 무장공비들은 어떤 사람들이었을까?

우리나라는 해방 후 남한과 북한에 각각 단독 정부가 세워지면서 이념적으로 좌우로 갈려서 큰 혼란을 겪었는데, 특히 제주도에서는 제주도 인민위원회가 1947년 3·1절 날까지 사실상의 정부 역할을 하였던 것이었다. 그러던 중, 1947년 4월 3일을 기하여 남한 정부에서 제주도에 군대를 보내어 대대적인 좌익세력의 토벌작전을 벌여 많은 사람들이 생명을 잃었는데, 역사는 이 사건을 '제주 4·3 사건'으로 기록을 하고 있다. 당시 제주도의 인민위원회를 이끌던 오대진을 비롯한 좌익 세력의 간부들 중에는 일제시대에 독립운동을 하던 사람들이 있어 도민의 호응을 얻은 것이었다. 좌우의 이념갈등 때문에 이도종 목사를 비롯한 수많은 선량한 도민들이 생명을 잃은 제주도 4·3 사건의 현장은 제주의 곳곳에 펴져 있다. 아직도 남과 북이 갈려 있는 대한민국의 역사를 돌아볼 때, 지금 우리에게 가장 필요한 것은 관용Tolerance이라는 덕목을 키우는 것이라는 생각을 한다. 나와 다른 사람을 포용하여 그 사람만의 독창성을 인정하고 받아 주는 관대함이 필요한 것이다.

> † 우리가 선을 행하되 낙심하지 말찌니 피곤하지 아니하면 때가 이르매 거두리라 그러므로 우리는 기회 있는 대로 모든 이에게 착한 일을 하되 더욱 믿음의 가정들에게 할찌니라(갈라디아서 6:9-10)

대정교회에서 나와 해안을 따라 조금 가면 모슬포라는 작은 포구에 닿게 되는데, 이 모슬포의 군부대 안에 검은 현무암 돌로 지은 오래된 교회가 나타난다.

군복음화의 역사적인 현장인 강병대교회가 그것이다.

강병대교회

6 군복음화의 역사현장 강병대교회
제주도 서귀포시 대정읍 상모리 3846

† 그를 향하여 우리의 가진 바 담대한 것이 이 것이니 그의 뜻대로 무엇을 구하면 들으심이라 우리가 무엇이든지 구하는 바를 들으시는 줄을 안즉 우리가 그에게 구한 그것을 얻은 줄을 또한 아느니라(요한일서 5:14-15)

오래 전 군부대 안에 교회가 세워진 이유가 무엇인가?
6·25 전쟁이 일어난 뒤 육군 제1훈련소가 모슬포에

설치되자 1952년에 국군 공병대가 건축한 강병대교회強兵臺敎會가 지금껏 잘 보존되어 있는 것이다.

제주도의 토속적인 검은 현무암으로 지은 강병대교회 건물은 절반 정도는 준공 당시의 모습을 유지하고 있는 귀한 문화재급 교회당이다. 강병대교회는 장도영 훈련소 소장이 군인들의 종교생활을 위하여 지은 교회당으로 전투에 나가던 군인들이 모여 기도하던 곳이었다.

전쟁터로 나갈 훈련병들은 얼마나 두려움에 떨면서 기도를 하였을까? 현재 강병대교회 건물은 국방부 소유이지만 서귀포시에서 2002년 5월 31일 문화재 제38호로 지정하여 관리하고 있다.

우리나라는 해방 후에 6·25 전쟁을 거치면서 북한 공산군에 의하여 망할 뻔한 역사를 갖고 있다. 풍전등화의 운명에 처했을 당시, 이승만 대통령을 비롯한 많은 성도들이 부산초량교회에서 나라를 위하여 기도한 덕분에 맥아더 장군이 UN군을 이끌고 인천에 상륙작전을 펼쳐서 전세를 역전시킨 것이었다.

인천상륙작전을 지휘하던 맥아더 장군의 곁에서 통역을 하시던 분이 바로 영락교회를 세운 고 한경직 목사였다. 우리는 현재 민주화되고 경제적인 풍요를 누리는 것에 대하여 하나님께 감사를 해야 하며, 가난에 찌든 우리 민족을 도와주었던 우방友邦들에게도 감사를 해야 한다.

하나님이 가장 싫어하는 사람은 은혜를 잊고 배은망덕背恩忘德한 삶을 사는 사람인데, 지나간 역사를 정리하다가 놀라는 것은 여러 사람들과 사건들을 연결시키다 보면 어떤 질서를 발견하게 된다는 것이다. 이 질서가 하나님의 손길이자 섭리임을 깨닫게 되는 것이다.

우리는 지나간 교회의 역사의 발길을 돌아보고 미래를 향해 나아가야 하는데, 이것을 오리엔티어링Orienteering이라고 부른다. 교회의 소중한 역사를 재현Recapitulation하고 회복Retrieval하기 위한 목적의 기독교 유적답사는 현장감이 가장 중요한 것이다. 예를 들면 '제주에는 첫 교회가 왜 금성리 바닷가에 세워졌을까?', '제주도에 복음전파를 어렵게 하였던 풍속들에는 어떤 것들이 있는가?' 등의 물음에 대한 해답은 현장을 체험하지 않고는 알 수가 없는 문제인 것이다.

성경의 하나님의 말씀은 광야, 즉 '미드바르'에서 온 것들이다. 모세는 이스라엘이 가나안에 들어간 뒤 광야를 잊지 말라고 신신당부를 하였다. 근래 점차 활성화되고 있는 제주지역 성지순례가 광야의 야성野性과 순수성純粹性을 잃고 상업화와 우상화로 치닫는 일이 없기를 바라는 마음이다. 예수 그리스도의 복음은 대상과 지역에 따라 다양한 문화로 포장하여 전파해야 하지만, 순수성과 영성을 잃지 않도록 기도하는 것이 더욱 중요하다는 생각을 한다.

다음은 한국교회가 성장하면서 2,600여 명의 순교자가 나왔는데, 중요한 순교 유적지들을 찾고자 한다.

7
순교지 유적답사

1_한국기독교 순교자기념관
2_23명이 순교한 제암리교회
3_순교자 주기철 목사와 웅천교회
4_'사랑의 원자탄' 손양원 목사의 순교터 애양원
5_한국교회 최대 77명의 순교 유적지, 염산교회
6_전교인 65명이 모두 순교한 영광 야월교회
7_보물섬 증도의 문준경 전도사의 순교지

순교자기념관

1 한국기독교 순교자기념관
경기도 용인시 내사면 추계리 ☎ 031-336-2825

 자기 생명을 사랑하는 자는 잃어버릴 것이요 이 세상에서 자기 생명을 미워하는 자는 영생하도록 보존하리라(요한복음 12:25)

사람이 갈 길을 잃으면 원래의 자리에 돌아와서 다시 생각해 보라는 옛말이 있다. 우리는 그 동안 너무나 빠른 발전과 변화를 겪다 보니 개인을 비롯한 가족과 공동체가 갈 바를 알지 못하는 혼돈에 빠진 것이 아닌가 하는 생각이 들 때가 많다. 특히 우리의 신앙이 여호와 하나님보다는 물질을 숭배하는 바알의 신앙으로 변질이 되지 않았는지 점검이 필요한 때라고 생각을 한다.

요즘 아침 큐티시간에 구약의 사사기서를 묵상하면서 하나님이 선택하신 이스라엘 백성들이 우상에 쉽게 빠지는 것을 보고, 우리 자신도 같은 처지에 빠질 확률이 높다는 생각에 마음을 다시 가다듬게 된다.

사도 바울은 히브리서 12장 1절에서 **"이러므로 우리에게 구름같이 둘러싼 허다한 증인들이 있으니 모든 무거운 것과 얽매이기 쉬운 죄를 벗어 버리고 인내로서 우리 앞에 당한 경주를 경주하며"** 라는 말씀으로 그리스도의 증인의 삶을 강조하셨다.

기독교는 예수님이 흘린 순교의 피와 10명의 제자들이 흘린 순교의 피 위에 세워진 종교이며, 한국교회도 허다한 순교의 증인들의 피 위에 세워져 확산된 역사를 갖고 있다.

> † … 한 알의 밀이 땅에 떨어져 죽지 아니하면 한 알 그대로 있고 죽으면 많은 열매를 맺느니라(요한복음 12:24)

아름다운 마지막을 준비하는 삶은?

삶은 현재를 사는 것이 아니라 마지막을 준비하는 것이라고 누군가 말을 했다. 사는 연습이 아니라 아름답게 죽는 연습을 하는 것이 삶이라는 말이다. 아름다운 죽음은 그 순간에 결정되는 것이 아니라 사는 동안에 준비되고 축적된 결과물인 것이다. 인생의 마지막 화폭을 아름답게 채우고 싶다면 물감과 캔버스를 준비하는 순간부터 흐트러짐이 없는 삶을 살아야 하는 것이 아닐까?

마지막으로 인생의 화폭을 채운 허다한 순교자들의 증언이 있는 용인시의 한국기독교 순교자기념관을 처음 찾은 때는, 1996년 봄에 교사들과의 모임을 가졌을 때였다.

2007년 여름에 이곳을 다시 찾았는데, 영동고속도로를 가다가 양지 IC로 나와서 42번 국도를 타고 이천 방향으로 약 4km 가면 안내판이 나온다. 용인버스터미널에

순교자들의 이름과 성경구절을 새겨 놓은 자연석들

서는 3번, 10번 버스를 이용하면 추계리에서 내려 30~40분을 걸어가도 된다.

　기념관의 입구 가까이에 있는 약 500m 정도의 길을 따라가면 순교자들의 이름과 성경구절을 새겨 놓은 자연석들이 늘어서 있다. 역사학자들에 의하면 한국교회의 순교자들은 대략 2,600명 정도로 추산되는데, 그중에 600여 명의 명단이 이곳 기념관에 헌정獻呈되어 있다.

　순교자기념관의 본 건물은 1989년에 개관을 한 3층의 하얀 건물 구조로 전체적으로는 직사각형이며 가운데에 원통형 모양을 넣어 아름답게 설계된 건물이다.

　한국교회는 1983년에 '한국기독교100주년기념사업회'를 구성하고 20여 개 교단이 참여하여 순교자기념관을 위한 자료를 수집하고 기념관의 건축을 시작하게 되었는데, 건립에 여러 문제가 많았을 때, 영락교회의 정이숙 권사가 10만 평의 땅을 기증하셨다고 한다. 정 권사의 헌신으로 인하여 1989년 11월 18일 헌당예배를 드린 후에 매년 2천여 명이 순교자기념관을 다녀가고 있다고 한다.

　기념관의 입구에는 1866년 9월 5일 제너럴셔먼호를 타고 평양에 왔다가 순교를 당하신 토머스 목사의 참수 장면의 그림이 위치해 있는데, 혜촌 김학수(金學洙, 1919~) 화백이 그린 40점의 그림 중 하나라고 한다. 기념관 2층에는 회의실과 예배실이 있는데 예배실에는 1930년대 이전의 한국사회의 모습을 담은 사진 120점이 전시되어 있으며, 3층에는 202명의 순교자들의 사진과 성경, 그리고 편지 등의 유품이 전시되어 있다.

기독교보다 100년이나 앞서 들어온 천주교는 엄청난 순교자를 내었는데 기독교는 그에 비하면 쉽게 한국에 들어온 것이다. 초기에는 기독교도 백성들을 어지럽게 하는 서양에서 온 서학西學이라 하여 박해를 당하였다. 그리고 일제시대에는 교회가 독립운동을 주도하고 신사참배를 거부한다는 이유로, 6·25 전쟁 때에는 공산주의자들에 의하여 순교를 당한 분들이 많았다.

한국교회는 순교의 피 위에서 세워져 세계교회사敎會史에서 유례가 없을 정도로 빠른 성장을 하였다. 한국교회가 각별한 하나님의 은혜와 선조들의 순교의 피를 늘 기억하고 글로 기록하고 돌에 새겨 후대에게 가르칠 때, 과거는 오늘에 살아 움직여 미래를 바른 방향으로 안내할 것이다.

순교 열전列傳은 계속된다!

순교자 하면 주기철 목사, 손양원 목사 같은 분이 먼저 떠오르지만, 사실 순교 열전을 보면 얼마나 많은 분들이 한국 땅에 복음을 전하다가 희생되었는지 알게 된다.

순교신앙은 신앙의 나태함과 문제점을 되새겨보는 거울이 되기에 필자가 잘 아는 한 시인에게 부탁하여 받은 글을 소개한다. 누군가가 아름다운 곡을 붙여 주기를 바라는 마음이다.

순교자의 노래

거룩한 이 땅 흐름 속에
믿음의 씨앗은 믿음의 뿌리로 내리고
거기 싹튼 순교의 밀알은 모진 겨울을 인내하고
피어나는 부활의 꽃이다

어두운 역사의 밤을 지나온 부활의 아침이다

십자가 지키며 부르던 찬송
마지막 음성까지 주님을 따라가는 삶
그것은 자유와 기쁨 그리고 사랑

모든 생명까지 감싸던 믿음의 햇살이다
거룩한 이 땅에 뿌려진
뜨거운 피의 외침
순교의 밭마다 자라는 믿음의 나무여

영혼과 영원의 꽃으로
다시 피어나는 그 순교의 넋이여
오랜 시간이 지나도
햇살은 영원하듯

다시 피어올라라
그 진한 순교의 피 흘림이여!
영원한 이 땅 새로운
부활의 아침이여!

- 임승천(시인)

다음은 일제시대 일본 군인에 의하여 23명의 성도가 순교당한 제암리교회를 찾고자 한다.

제암리교회의 모습

2 23명이 순교한 제암리교회

경기도 화성시 향남면 제암리 ☎ 031-353-0031

†예수께서 가라사대 나는 부활이요 생명이니 나를 믿는 자는 죽어도 살겠고 무릇 살아서 나를 믿는 자는 영원히 죽지 아니하리니 이것을 네가 믿느냐(요한복음 11:25-26)

일본이 한국을 지배하던 36년 간의 악몽惡夢은 곳곳에 흔적으로 남아 역사의 어두운 그림자를 드리우고 있다. 21세기에 이르러서도 일본이 미국 다음의 경제대국

제암리 3·1 운동 순국기념관

이면서도 세계의 국가들로부터 지도력을 인정을 받지 못하고 있는 이유가 무엇일까?

세계의 역사에서 제국을 만들어 주도권을 발휘하던 페르시아, 로마, 그리스, 중국의 당나라와 칭기즈칸의 몽골은 공통점이 있다. 그들은 다른 민족과 다른 종교, 그리고 다른 문화를 포용하는 관용Generosity의 정신이 있거나 전략적으로 관용을 실천한 나라들이었다.

그러면 일본은 도대체 어떤 나라이며 어떤 국민성을 갖고 있는 것인가? 이것은 우리의 미래가 달린 질문이라고 생각을 한다.

일제시대 일본군이 한국교회의 성도들을 무참히 학살한 역사의 현장인 제암리교회에서 우리는 일본인들이 세계인들의 존경을 받지 못하는 이유를 알게 된다.

제암리교회는 기독교 역사유적지로보다는 3·1 만세운동의 독립운동 유적지로 더 알려져 있으며, 정부에서는 2001년 3월에 30억 원을 투입하여 새로운 교회와 제암리 3·1 운동기념관을 지어 관리를 하고 있다.

제암리 교인 학살사건이 일어난 지 88주년을 맞이하여 방문을 하였는데, 1980년부터 제암리교회를 지키는 강신범 목사님이 반갑게 맞아 주셨다.

강 목사가 부임하면서 제암리교회에서 일본군인에 의하여 순교당한 23분의 숭고한 희생이 고스란히 드러났으며, 그 결과로 한국교회의 순교신앙의 향기를 발하는

제암리 3·1 운동 순국 23인의 묘

대표적인 곳이 되어 많은 사람들이 찾고 있다.

필자는 유관순 열사나 '상록수'의 주인공인 농촌운동가 최용신, 그리고 제암리교회의 순교자들을 독립운동사의 관점보다는 하나님의 뜻을 펼치다가 순교를 하신 분들로 기록을 하고 싶다. 이유는 이들이 갑자기 독립운동가가 된 것이 아니고, 오랜 기간 기도와 신앙으로 다져진 성령충만하신 분들이었기 때문이다.

하나님께서 이스라엘 민족에게는 모세, 여호수아, 갈렙 같은 분들을 지도자로 세워 애굽에서 독립을 시켰듯이, 우리나라가 일본의 압제에 있을 때 신앙 선조들을 사용하시어 독립운동을 하게 하신 것이라고 믿고 싶다.

역사의 현장인 제암리교회를 찾아가 보자!

경기도 수원부근의 발안을 거쳐서 조암리 방향으로 가다 보면 교회의 안내판이 보이고 제암리 마을의 입구에서 한 10여 분 걸어가면 제암리 3·1 운동 기념탑이 나타나며 그 앞에 바로 제암리교회가 있다.

지금도 전형적인 농촌마을이지만 화성시로 개발이 되면서 새로운 도로가 뚫려 쉽게 접근이 가능하다. 현재의 교회 자리는 1969년 일본의 오야마 목사를 비롯한 일본 기독교인들이 선조들의 죄를 사죄하는 의미로 1,000만 엔으로 지은 교회가 있던 자리였는데, 요즘도 일본인들이 연간 2,500여 명 정도 다녀갈 정도로 유명한 곳이 되었다.

7. 순교지 유적답사 115

제암리 마을에 세워진 3·1 운동 순국기념탑

용서는 하지만 잊지는 말아야 할 것들!

제암리교회는 1905년 화성군 향남면 제암리 사람인 안종후가 아펜젤러H.G. Appenzeller의 전도를 받아들이고, 자신의 집에서 예배드리면서 시작되었다.

1911년에는 교인이 늘어나자 8칸짜리 초가 예배당을 마련하였고 김교철, 동석기 등 인근의 수촌리교회와 남양교회 목회자들이 순회하면서 교회를 돌아보았다고 한다. 1919년 3·1 만세운동이 일어나자 김교철, 동석기 등에게 민족주의 교육을 받은 교인들이 3월 15일부터는 밤마다 뒷산에 올라가 봉화를 올리며 만세시위를 벌였다.

3월 31일과 4월 5일에도 발안 장터에 나가 만세시위를 하던 중 일본 헌병과 주민들과의 충돌로 피차 인명 피해가 났으며, 이에 흥분한 일본 헌병대까지 출동을 하는 바람에 마침내 참혹한 제암리 사건이 일어나게 된 것이었다.

일본군은 5월 15일 아리타 도시오 중위가 이끄는 1개 중대 병력 30여 명을 파견하여 교회당으로 교인들을 강제로 모아 무차별 사격을 가하였고, 교회당에 석유를 뿌리고 불을 질러 시체를 모두 태워 버리는 만행을 저질렀다. 당시 잔인한 일본 군인들은 교인들이 교회 안에 갇혀 타 죽으면서도 어린아이들을 교회 밖으로 내보내자 그 아이들을 칼로 찔러 죽이기까지 하는 악행을 저질렀다. 일본군은 분이 안 풀려서 이웃 마을인 고수리까지 달려가 김성렬을 비롯한 6명을 더 살해하고 시체를 불태워 버렸다.

일제의 만행은 수촌리와 회수리에서도 계속되었는데, 제암리교회에서 남자 21명과 여자 2명, 고수리에서 남자 6명까지 모두 29명이 학살을 당한 것이었다.

제암리 사건이 세계에 알려지게 된 동기는?

이 끔찍한 제암리 학살사건이 서울에 알려지게 되자, 언더우드(H.H. Underwood, 한국명 원한경) 선교사는 4월 16일 당시에 영국 대사인 커티스와 함께 와서 현장을 확인하고 미국 선교부에 보고를 하였다.

그리고 캐나다 출신 스코필드(Frank W. Scofield, 1889~1970) 박사도 참사 현장의 사진을 상세히 찍어 1919년 9월에 일본에서 열린 극동지구 선교사 대회에서 800여 명의 선교사들에게 사건의 진상을 알리기도 하였다.

스코필드는 한국인이 일본에게 얼마나 큰 핍박을 받고 있는지 세계인들에게 처음으로 알린 사람인데, 스코필드기념공원이 2007년 12월에 캐나다 한인교회가 중심이 되어 캐나다의 토론토 동물원에 조성되었다고 한다.

한국에서 헌신하신 스코필드 박사는 1916년 의료선교사로 와서 외국인으로는 유일하게 1919년 3·1 독립선언서에 서명을 하는 등 헌신을 하셨으며, 1970년 4월에 국립묘지에 외국인으로는 처음으로 안장安葬되셨다.

제암리 순교신앙의 부활

제암리 마을은 그 동안 '예수 믿다 망한 동네'라고 소문이 났었는데, 1982년 순교자들의 유골이 발견되어 묘소가 마련되고 3·1운동 순국기념탑과 기념교육관이 세워지면서 성지로 발전이 되었다. 유골이 발견된 계기는 1919년 4월 15일 오후 2시에 22인과 함께 순교한 안진순의 아내 전동례의 기억력 덕분이라고 한다.

전동례 할머니는 옛날 사건의 기억을 더듬다가 당시에 시체들을 묻은 자리를 강신범 목사에게 이야기하셨으며, 강 목사에 의하여 유골遺骨이 발견된 후에 제암리교회는 빠르게 성역화聖域化 작업에 착수하게 된 것이었다.

큰일을 하신 전동례 할머니는 새벽기도 생활을 하시다가 1992년 8월, 96세에 눈을 감으셨으며 제암리교회에서는 매년 삼일절이 되면 순교자들의 희생을 기리는 예배를 드리고 있다.

1998년 4월에는 일본 국회의원인 하시모토 야스스가 한국을 방문했을 때, 일제시대 당시 하세가와 조선 총독이 하라 일본 총리에게 보낸 전문의 사본寫本을 독립기념관에 기증하였는데, 이 문서에 의하면 일본 군인들이 25명을 교회에서 사살하고 불을 놓은 사건을 방화放火가 아닌 실화失火로 은폐했다고 기록을 하고 있다.

문서에 외무차관 대신의 사인私印이 있어 역사 왜곡이 불가능한 자료가 되었는데, 일본 지도자 중에도 역사 왜곡을 막으려는 양심적인 사람도 있다는 것이 감사한 일이다.

기념관에 있는 시인 박목월(朴木月, 1916. 1~1978. 3)의 추모시를 읽으며, 나라를 잃으면 신앙도 교회도 지키기 어렵다는 것을 떠올려 본다.

"나는 죽지만 이 어린것만은 살려 달라고
죽음의 창 틈으로 내미는
천진한 어린아이의 무심한 눈을 겨냥하여 방아쇠를 당기는
놈들의 손
무슨 소리를 해보았자
그들이 지른 제암리의 불은 이제 와서 그들이 끌 수 없으며
죽임 당한 우리의 형제가 살아날 수 없다.
하지만 지난날보다 오는 날이 소중하고
어제보다 내일이 귀하고…" (중략)

다음은 순교자 주기철 목사가 어린 시절을 보냈던 웅천교회를 찾고자 한다.

주기철 목사 순교기념비

3 순교자 주기철 목사와 웅천교회
경남 진해시 성내동 385 ☎ 055-546-1026

† 내가 동방에서 독수리를 부르며 먼 나라에서 나의 모략을 이룰 사람을 부를 것이라 내가 말하였은즉 정녕 이룰 것이요 경영하였은즉 정녕 행하리라"(이사야 46:11)

금년 4월 초 필리핀의 수도 마닐라에서 4시간 거리에 있는 바탄주에서 열린 세미나에서 '한국교회의 영성' 이라는 주제로 강의를 하고 온 적이 있다.

웅천교회 역사관에서 설명하시는 노성한 목사

세미나에 참석하신 많은 필리핀 목회자들과 지도자들이 필자의 강의보다는 생각지도 않았던 주기철 목사의 순교에 대한 증언을 영상으로 만든 DVD를 보고 큰 은혜를 받고 모두들 우는 것이었다.

세미나 주체 측 관계자에 의하면 필리핀 사람들이 강의시간에 우는 것은 아주 이례적인 예라며 놀라워 하였다. 이것은 영상에서 주기철 목사의 4남인 주광조 장로의 진솔한 증언이 그들의 감정중추를 건드린 것이라고 보겠다.

세상에서 가장 강한 힘이 있는 것은 바로 실제적 진실, 그 자체인 것이다. 여호수아 7장에서 이스라엘이 작은 아이성 전투에서 패한 이유는 야간의 숨겨진 범죄였으며, 이 범죄자를 처단한 후에 그들은 아이성을 다시 점령할 수가 있었던 것이었다. 그러므로 우리도 세상에서 매일 만나는 수많은 아이성들을 무너뜨리기 위해서는, 우선 진실한 사실에 입각한 삶을 살려고 노력해야 그리스도의 증인으로 성공적인 삶을 살 수가 있는 것이다.

한국교회를 대표하는 순교자인 주기철(朱基徹, 1897~1944) 목사가 어린 시절 신앙생활을 시작하신 진해시의 웅천교회를 찾아 나섰다. 김포공항에서 비행기로 김해공항에 내려 차를 이용하여 진해시에 거의 다 가면 웅천이 나오는데, 이런 동네가 있었는가 싶을 정도로 낯이 설었다.

웅천초등학교 골목으로 들어와 약 300m쯤 안쪽에 들어와 우측으로 꺾으면 바로 웅천교회가 나온다. 웅천교회에서 자부심이 가득해 보이는 노성한 목사와 차를 마시면서 웅천교회의 역사와 순교자 주기철 목사의 어린 시절 이야기를 들었다. 그리고 노 목사를 통하여 잘 준비된 역사관에서 자료를 통하여 교회의 역사에 관하여 설명을 들을 수가 있어 좋았다.

웅천교회는 1900년대 초에 세워진 교회라는데, 누구에 의해 어떻게 설립되었는지 기록이 없어 알 수가 없지만 당시 경남지역에 세워진 교회들 대부분 호주교회에서 파송한 선교사들이나 그들의 영향을 받은 한국인에 의해 설립된 것으로 보고 있다.

웅천교회의 마당에는 기념비 하나가 외롭게 세워져 있는데, 이것이 바로 일제 시대에 신사참배 반대운동을 주도하시다가 1944년 4월 21일, 49세의 나이로 평양에서 순교하신 주기철 목사의 순교기념비이다.

주기철 목사의 자취가 남아 있는 곳으로는 진해의 웅천교회와 인근의 생가터 그리고 부산의 초량교회, 마산의 문창교회와 지금은 없어진 평양의 산정현교회 등이 있다. 그리고 곳곳에 세워진 한국교회의 목회자를 키우는 신학대학교마다 주기철 목사의 이름을 딴 건물들이 있는데, 그만큼 그가 한국교회를 대표하는 목회자임을 보여주고 있는 것이다.

한국교회의 터에 순교의 피를 뿌리신 주기철 목사의 생애

노성한 목사의 안내로 웅천교회 근처의 생가터(진해시 웅천 1동 백일리)를 가 보니 아름다운 산골에 생가는 없어지고 대나무밭과 돌담 일부가 남아 있었는데, 곧 생가가 복원되어 중요한 유적지로 거듭날 것이라고 하셨다. 지금이라도 이 터를 매입해 생가를 복원하고 주기철 목사가 어릴 때 마시던 우물과 유년기에 살던 집을 복원하여 한국교회의 귀중한 유산으로 보존하는 운동이 시작되어 다행이라는 생각을 한다.

주기철 목사는 1897년 11월 25일 경상남도 창원군 웅천면 복부리(현재 진해시 웅천 1동)에서 주현성 씨의 4남 3녀 중 넷째 아들로 태어났는데, 웅천은 1595년 임진왜

주기철 목사 생가터

란 때 왜장 고니 시(소서행장)가 웅천성에서 수많은 왜군을 이끌고 조선병사들을 무참히 학살했던 비운의 역사 현장이기도 하다. 1905년 을사보호조약이 체결되자 일제가 웅천에 다시 침략해 올 것을 우려했던 주 목사 집안의 어른 주기효는, 민족 수난을 극복하기 위해선 힘을 길러야 한다면서 이곳에 1906년 개통학교를 세웠다.

주기철 목사는 8세에 사립학교인 개통소학교(현 웅천초등학교)에 입학하였으며, 1910년 12월 25일부터는 웅천교회를 다니면서 16세 때 주기복이라는 이름을 기철로 바꾸게 되는데, '기철'이라는 이름은 기독교를 철저히 믿겠다는 뜻이라고 한다.

어린 기철은 학교에 입학하여 투철한 민족정신과 남다른 민족애를 키웠으며, 주씨 가문의 큰형 주기원도 1907년에 교회에 발을 들여놓기 시작하여, 한일합방으로 전국이 우울했던 그 이듬해 1월 7일에 학습을 받고 온 식구들이 믿음의 길로 들어서게 되었다.

주기철 목사의 순교신앙은 어린 시절 다니던 웅천교회에서 싹텄으며, 인생에 커다란 전환점은 평안북도의 오산학교 교사이며 소설가인 춘원春園 이광수의 강연을 듣고서 큰 깨달음을 얻은 때였다.

주기철은 초등학교를 졸업한 후 1913년에 평안북도 정주에 있는 오산학교에 입학하여 1916년에 졸업을 하고 서울의 연희전문대(현 연세대학교) 경제학과에 입학하여 공부를 하다가, 1년 만에 안질眼疾이 생겨 학업을 중단하고 웅천에 내려오게 되었다.

그는 눈병으로 학업을 중단하고 웅천에서 지내던 때 마산 문창교회의 부흥회에 참석했다가 김익두 목사의 말씀을 듣고 큰 은혜를 받아 1922년에 평양신학교에 입학을 하였다.

주기철 목사

1925년에는 평양신학교를 졸업하고 부산의 초량교회에 부임하여 교회를 크게 부흥시켰으며 신사참배 거부 운동을 시작하였고, 일본인이 운영하던 부산일보가 이 기사를 대서특필大書特筆하여 일본인들을 놀라게 하였다.

주기철 목사는 1931년 7월부터는 마산의 문창교회를 맡으셨는데, 이곳에서 주 목사는 1935년에 오정모 사모와 재혼을 하였다. 1936년 7월 평양의 산정현교회로 초빙을 받으시기까지 그의 발길은 주기철 목사를 한국교회의 순교의 제물로 삼으신 주님의 섭리인 것이었다.

주기철 목사는 1938년부터 1944년 마지막 순교를 할 때까지 모두 5차례, 총 5년 4개월 간의 투옥생활을 하였는데 옥중에서 몽둥이 찜질, 채찍질, 쇠못 밟기, 거꾸로 매달아 코에 고춧가루 뿌리기, 발바닥 때리기 등 상상도 할 수 없는 갖은 고문을 당하면서도 끝내 신앙적 변심을 하지 않았다.

7년 동안 구속과 석방을 거듭하며 안질, 폐병, 심장병 등이 악화되어 폐인이 되어갔지만, 감옥에선 언제나 평화로운 얼굴로 성경말씀을 묵상하며 감사 찬양을 했다고 한다. 5번째로 구속돼 형무소에 갇히기 직전 자택에서 늙은 노모와 처자, 20여 명의 평양 산정현교회 교인들이 모인 가운데 그는 생애 마지막 설교를 남기셨다.

"우리 주님 날 위해 십자가 고초 당하시고 십자가 지고 돌아가셨는데, 나 어찌 죽음이 무섭다고 주님을 모른 체하리이까. 오직 일사각오가 있을 뿐입니다. … 소나무는 죽기 전에 찍어야 시퍼렇고, 백합화는 시들기 전에 떨어져야 향기롭습니다. 이 몸도 시들기 전에 주님 제단에 드려지기를 바랄 뿐입니다."

주 목사의 마지막 가는 길에 남긴 유언과 순교의 생애는 한국교회의 앞날에 빛과 소금의 역할을 하고 있는 것이다.

그는 투옥된 이후 취조와 고문을 혹심하게 당하였고, 그로 인하여 몸은 약해지고 결국 옥중에서 순교를 하기까지 되었다.

때는 1944년 4월 13일이었는데 그날 사모님과 마지막 면회시에 남긴 말은 다음과 같다. "어머님 뵈옵구 싶구려 … 미음도 먹고 싶소 … 나는 가지만 산정현 양떼들은 어찌하리이까?" 이때 사모님되시는 오정모 집사님은 "염려하지 마십시오" 하고 위로하였다. "그러면 안심하겠소. 어머님을 많이 위로해 드리시오." 이 말을 최후로 사모님과는 작별했다.

1944년 4월 21일 금요일, 숱한 고문으로 만신창이가 된 그는 평양형무소의 한 귀퉁이에서 그날 밤 9시 30분에 49세로 세상을 떠났는데 "내 여호와 하나님이여 나를 붙잡으소서!" 하시고 웃으며 운명하셨다.

주 목사는 첫 번째 부인과 사별하고 두 번째 부인과 결혼하는 등 개인적으로 고난도 많았지만, 신앙을 지키고 나라 사랑을 굳건하게 지킨 기독교 민족주의 목회자의 대표자라고 말할 수 있겠다.

그의 맏아들 주영전 전도사도 1950년 6·25 기간 중 공산당에게 살해당하는 순교의 길을 걸었으며, 1963년 대한민국 정부는 주기철 목사에게 건국공로 국민장을 추서하였고, 1986년 국립묘지에 안장토록 하였다.

주기철 목사의 4남인 주광조 장로는 연로하신 연세에도 불구하고 주기철 목사의 순교신앙을 전하는 일로 동분서주 東奔西走 하고 계신다.

우리는 여기에서 인생에서의 모든 문제의 답을 합리성에서 찾기보다는 하나님과의 관계, 즉 영성靈性에서 찾아야 한다는 것을 깨닫게 된다. 주기철, 손양원 목사 그리고 바울 같은 분들은 모두 합리적인 삶보다는 하나님과의 영성 문제로 인생을 풀어서 위대한 생애가 된 것이기에, 우리도 기도를 통하여 합리적인 삶보다는 예수 그리스도와의 깊은 교제 속에서 살아야 한다는 생각을 해본다.

다음은 사랑의 원자탄이라고 하는 손양원 목사 순교기념관을 찾고자 한다.

손양원 목사 순교기념관 입구

4 '사랑의 원자탄' 손양원 목사의 순교터 애양원

전라남도 여수시 율촌면 신풍리 1
☎ 061-682-9808
www.aeyangwon.org

† 내 계명은 곧 내가 너희를 사랑한 것같이 너희도 서로 사랑하라 하는 이것이니라 사람이 친구를 위하여 자기 목숨을 버리면 이에서 더 큰 사랑이 없나니(요한복음 15:12-13)

주님께서 우리에게 요구하시는 것은 서로 사랑하라는 것인데, 주님께서는 사랑이 없으면 아무것도 아니라고 하셨다. 우리 모두 서로 용서하고 사랑하자는 '용서와 화해'는 하나님께 예배를 드리는 것보다 앞선다고 성경은 가르치고 있다.

† 그러므로 예물을 제단에 드리다가 거기서 네 형제에게 원망 들을 만한 일이 있는 줄 생각나거든 예물을 제단 앞에 두고 먼저 가서 형제와 화목하고 그 후에 와서 예물을 드리라(마태복음 5:23-24)

우리는 왜 용서를 하면서 살아야 하는가? 우리가 누군가를 용서하지 못하고 산다는 것은 스스로 보이지 않는 감옥에 갇히게 되는 것이다. 분노로 인하여 두통과 불면증, 우울증 등의 심인성心因性 질환을 얻을 수가 있는 것이다. 우리가 누군가를 용서하면 자유함을 누리며 살게 되고 아울러 갖가지의 질병에서도 자유함을 얻게 되는 것이다.

심리학자들에 의하면 용서하지 못할 때 생기는 감정의 쓴 뿌리는, 결국 인체를 산성화시켜서 효소의 활성도活性度를 떨어뜨리고 각종 병균에 대한 저항력을 저하시켜 병적인 체질로 만들게 되는 것이라고 한다.

이 시대에 가장 필요한 것은 용서와 화해가 아닐까?

우리는 예수님을 통하여 용서를 받았기에 남을 용서하는 결단을 해야 한다.

내가 남을 용서하기로 결단하기만 하면 하나님께서 용서의 마음을 우리에게 부어주시는 것이다. 이 세상에서 가장 강한 사람은 진솔하고 용서할 줄 아는 사람이라고 생각을 한다.

오늘은 사람으로서는 도저히 용서할 수 없는 사람을 용서하고 실천한 하나님의 사람, 한국교회가 세계에 자랑할 만한, 사람 순교자 손양원(孫良源, 1902~1950) 목사의 자취를 따라가고자 한다.

마침 부산에 가는 길에 손양원 목사님의 따님인 손동희 권사님을 찾아뵙고 여수의

손양원 목사 순교기념비

애양원을 방문하였다. 애양원은 여수공항에서 아주 가까운 바닷가에 있어 경치가 너무나 아름답고 교통도 좋아 한 번은 꼭 방문하기를 권한다.

애양원의 뿌리는 1904년 12월에 오웬C.C. Owen 목사가 광주光州에서 나환자를 치료하기 시작한 것에서 찾을 수가 있으며, 1908년부터는 윌슨R.M. Wilson 선교사를 중심으로 한국 최초의 한센병원(나병전문병원)이 세워진 것이다. 1925년에 현 여수에 부지를 마련한 이후 1928년까지, 600여 명의 나환자들이 여수시 율촌면 신풍리로 옮겨와 자리를 잡아 애양원이 시작된 것이었다.

손양원 목사는 평양신학교를 졸업하고 1939년 7월 14일에 애양원의 2대 목사로 부임하여 1950년 9월 28일 순교할 때까지 목회를 하셨다.

애양원은 1948년 손양원 목사가 계실 때 교인이 약 1천 명 정도였으며, 나환자들을 그리스도의 사랑으로 돌보시던 곳이었다. 특히 손 목사가 애양원에서 나환자들을 돌본 이야기들은 인간으로서는 하기 어려운 일들을 하셨다고 한다.

손 목사는 해방 후 사상적으로 혼탁한 시기에 공산주의자들에게 두 아들을 잃고서도 아들을 죽인 사람을 양아들로 삼으신 분이다. 애양원은 손양원 목사의 신앙의 자취가 아름다워 지금도 사람들이 많이 찾는 유적지로 자리를 잡게 되었다.

현재 애양원 교회에는 나환자였던 분들이 많이 계시는데, 손양원 목사기념관을 10

손양원 목사 부부와 두 아들의 묘지가 나란히 서 있다.

억 원을 들여 2년 만에 지었다고 하며, 뜰 앞에 있는 순교비에는 손양원 목사의 삶을 보여 주는 글이 새겨져 있어 소개하고자 한다.

> "기도로 호흡을 삼고, 성경으로 양식을 삼고, 복음 전도로 생활을 삼는 그런 믿음을 가지고 살았고, 원수에게도 사랑의 사도로, 고난 받는 개인과 민족에게는 소망을 주는 삶을 살았다."

삼부자의 묘와 순교자기념관

애양원 교회에서 언덕을 내려가면 바닷가 우편의 양지바른 곳에 3개의 봉분封墳이 나타난다. 손양원 목사와 1977년 소천하신 사모님이 합장되어 있고, 두 아들인 농인, 동신의 묘가 나란히 같이 있는 곳이다. 이곳에 오면 나도 모르게 무릎을 꿇고 기도하게 되는데, 감사하지 못하고 용서하지 못했던 지난 삶을 돌아보며 회개할 것이 너무 많았다.

묘소에서 조금만 가면 둥근 형태의 손양원 순교기념관이 있는데, 보관된 유물이 아주 많아 1년에 3만 명이 넘는 분들이 이곳을 다녀간다고 한다. 기념관은 1989년 안용준 목사가 소장하고 있던 손양원 목사의 150여 점의 유물로 시작을 하였다.

손양원 목사 순교기념관

이후 1994년 3월 27일 개인과 교회들이 협력하여 지어진 기념관이다. 특히 손양원 목사의 사진 중에는, 국기에 대한 경례를 머리 숙여 하던 규정을 손양원 목사가 이승만 대통령을 만나 "십계명의 1계명을 어기는 것"이라고 설득하여 가슴에 대는 경례로 바꾼 사진도 있다.

손양원 목사의 생애와 사상

손양원 목사는 1902년 경남 함안咸安에서 출생하여 부친인 손종일 장로의 믿음을 이어받은 분으로, 1910년부터 신앙생활을 시작하여 1917년에 호주 선교사인 메크레 (F.J.L. Macrae, 한국명 맹호은)에게 세례를 받았다. 1923년 일본의 스가모중학교를 졸업하고 귀국하여 1929년 경남 성경학교에서 3년 간 공부를 하였으며, 1938년 평양신학교를 졸업하고 나환자병원 애양원愛養園에서 일을 하셨다.

손양원 목사의 삶에 큰 영향을 키친 분은 일본성결교회의 나카다 목사와 믿음과 삶을 일치시키는 신앙을 가르쳐 주신 주기철 목사님이셨다고 한다. 손 목사는 평소에 말씀과 삶의 일치를 이루기 위해 사시다가 주님을 위해 죽을 기회에 죽는 인생을 사신 것이다.

손 목사는 1940년에는 신사참배 문제로 광주형무소에 투옥되었다가 1945년 해방과 함께 석방되어 애양원에서 다시 근무하던 중, 1948년 일어난 여수-순천사건 때에 동인東印, 동신東信 두 아들을 폭도들에게 잃었다.

손 목사는 사태가 진정된 다음에 가해자들을 위한 구명 운동을 벌이시고 원수를 양자로 삼아서 세상을 감동시키셨다. 손양원 목사를 '사랑의 원자탄'이라고 부르게 된 이유는, 애양원에서 나환자들의 상처를 빨아 줄 정도로 사랑이 넘쳤고 두 아들을 잃었을 때 원수를 양아들로 삼으신 일화 때문이다.

해방 후에 전남 순천과 여수지역에서 좌익세력이 판을 칠 때, 순천사범학교와 순천중학교를 다니던 두 아들 동인과 동신은 학교 내에서 기독교 복음을 전하였는데, 학교 내의 공산주의자인 안재선을 비롯한 학생들이 두 아들을 총살시킨 일이 일어난 것이었다.

손양원 목사는 사형을 당하게 된 안재선을 탄원歎願하여 구하고, 그 이름을 손재선으로 바꾸어 양아들을 삼으신 것이다.

손 목사는 **"네 원수를 자기 몸과 같이 사랑하라"**는 예수님 말씀에 순종한 것이었다. 특히 손양원 목사가 두 아들의 장례식에서 드린 기도문은 너무나 은혜가 넘쳐 지금도 많은 사람들에게 영향을 주는 기도문으로 유명하다.

기도문

1. 나 같은 죄인의 혈통에서 순교의 자식들을 나오게 하셨으니 하나님께 감사합니다.
2. 3남 3녀 중에서 가장 아름다운 두 아들 장자와 차자를 바치게 된 나의 축복을 하나님께 감사합니다.
3. 허다한 많은 성도들 중 어찌 이런 보배를 주께서 하필 내게 주셨으니, 그 점 또한 주께 감사합니다.
4. 한 아들의 순교도 귀하다 하거늘 하물며 두 아들의 순교리요, 하나님 감사합니다.
5. 예수 믿다가 누워 죽는 것도 큰 복이라 하거늘, 하물며 전도하다 총살 순교당함이리요, 하나님 감사합니다.
6. 미국 유학가려고 준비하던 내 아들 미국보다 더 좋은 천국 갔으니, 내 마

음 안심되어 하나님 감사합니다.
7. 나의 사랑하는 두 아들을 총살한 원수를 회개시켜 내 아들 삼고자 하는 사랑의 마음 주신 하나님께 감사합니다.
8. 내 두 아들 순교로 말미암아 무수한 천국의 아들들이 생길 것이 믿어지니 우리 아버지 하나님 감사합니다.
9. 이 같은 역경 중에서 이상 여덟 가지 진리와 하나님의 사랑을 찾는 기쁜 마음, 여유 있는 믿음 주신 우리 주 예수 그리스도께 감사합니다.
10. 나에게 분수에 넘치는 과분한 큰 복을 내려 주신 하나님께 모든 영광을 돌립니다.

우리는 그분의 감사의 기도에서 희망의 샘물을 퍼올릴 수가 있기에, 손양원 목사의 순교의 역사는 오늘에도 살아 움직이는 에너지가 되고 있는 것이다.

다음은 6·25 전쟁 중에 성도 77명이 순교당한 영광군의 염산교회를 찾고자 한다.

염산교회 본당

5 한국교회 최대 77명의 순교 유적지, 염산교회

전남 영광군 염산면 봉남리 산 191
☎ 061-352-9005

†예수께서 이르시되 내가 진실로 진실로 너희에게 이르노니 인자의 살을 먹지 아니하고 인자의 피를 마시지 아니하면 너희 속에 생명이 없느니라 내 살을 먹고 내 피를 마시는 자는 영생永生을 가졌고 마지막 날에 내가 그를 살리리니 내 살은 참된 양식이요 내 피는 참된 음료로다(요한복음 6:53-55)

과거를 기억하는 국민이 복을 받는다!

"Our nation honors her sons and daughters who answered the call to defend a country they never knew and a people they never met."

"전혀 알지도 못하는 나라, 한 번도 만난 적이 없는 국민을 지키라는 부름에 응했던 그 아들, 딸들에게 경의를 표합니다!"

용산의 전쟁기념관과 미국 워싱턴 DC에 있는 미군 한국전쟁참전비에 새겨진 글이다. 그 옆에 수많은 미군 전사자의 이름이 새겨져 있다.

오늘의 경제대국, 대한민국이 존재하는 것은 6·25 전쟁으로 망하기 직전의 Korea를 구하기 위하여 이름도 잘 모르던 나라에 와서 죽은 수많은 세계의 젊은이들 덕분이라는 것을 우리는 기억해야 한다.

2008년에 맞는 6·25 전쟁기념일의 한국은 미국 쇠고기 수입 문제로 죽기 살기 식의 전쟁 아닌 전쟁을 치르고 있는데, 이를 보면서 우리에게는 좌로나 우로도 치우치지 않는 역사의식을 가지고 서로가 관용하는 통합의 리더십이 요구되는 때라고 생각을 하게 된다.

특히 자라나는 세대들은 한국 역사상 가장 불행했던 민족상잔의 전쟁인 6·25 전쟁에 대한 바른 인식을 배우는 것이 매우 중요하다고 생각을 한다.

6·25 전쟁이 일어났던 1950년 6월 25일 새벽 4시로 돌아가 보자!

1948년 9월 9일 북한에 정권을 세운 김일성이 소련의 스탈린에게 남침을 허락받고자 40여 번 요청을 한 사실이 근래 자료로 밝혀지고 있다. 김일성이 6월 25일 주일날 새벽 전혀 전쟁 준비가 안 된 남한을 탱크를 앞세우고 밀고 내려와서 시작된 3년 가까운 전쟁으로 인하여 사망자는 15만여 명, 행방불명자 20만여 명, 부상자는 25만여 명이 발생했고 민간인들의 피해는 이루 헤아리기 어려운 민족 역사상 최악의 비극이 일어난 것이었다.

해방을 맞은 한국에서는 이념적으로 우익과 좌익으로 나뉘어 주도권 싸움이 강하게 일어났는데, 6·25 전쟁을 통하여 그 갈등이 최고조에 달한 것이었다. 6·25 전쟁 중 미국의 맥아더 장군이 이끄는 UN군이 인천상륙작전에 성공을 하자, 퇴로가 막힌 일부 북한 공산군이 산속으로 숨어 무장공비(빨치산)가 되었고, 이들을 제거하는 토벌작전은 또 다른 큰 비극을 가져오기도 하였다.

6·25 전쟁 후에 한국교회는 어떤 변화를 가져왔는가?

6·25 전쟁은 기독교 역사의 관점에서 보면 커다란 변화를 가져왔는데, 그 변화는 남한 내의 좌익세력들이 제거되거나 북한으로 갔고 북한의 기독교 신자들 중 많은 사람들이 남한으로 피난을 와 수많은 교회를 세우게 된 것이었다. 이런 교회사적인 배경에는 한국이 세계 유일의 분단국가로 남아 있는 하나님의 섭리가 숨어 있는 것은 아닐지?

대한민국에서는 빠르게 교회와 기도원이 세워지고 하나님을 섬기는 백성들이 엄청나게 불어난 반면, 북한은 2,000여 개도 넘는 교회들이 파괴되고 주체사상이 다스리는 인본주의 나라가 된 것이다.

세계인들은 대한민국의 민주화와 경제발전을 기적이라고들 이야기하는데, 기적은 인간의 능력을 초월한 하나님의 간섭인 것이다. 왜 하나님은 우리에게 올림픽과 월드컵 경기를 치르게 하시고, 삼성과 현대차 등의 세계 일류 제품으로 세계에 Korea의 이름을 알리게 하셨을까?

이것이 우연일까? 이것은 선교를 하는 대한민국을 만드신 하나님의 손길이다. 그러므로 오늘 우리는 절대 희망으로 세계를 향하여 담대한 믿음을 가지고 복음을 들고 나아가야 하는 것이다.

오늘은 이런 비극의 6·25 전쟁을 겪으면서 가장 많은 수의 순교자를 낸 염광교회를 찾고자 한다.

전남 영광은 맛있는 굴비와 원자력발전소로 유명한 곳인데, 영광을 가는 길에 고창의 세계문화유산인 고인돌 유적지를 먼저 들리기로 하였다. 고창 고인돌군은 한 지역에 400여 기가 넘는 세계에 유례가 없는 귀한 문화유산으로, 기원전 10세기경

400여 기의 고창 고인돌군은 남방식과 북방식이 섞여 있어 민족교류의 중요한 자료가 되고 있다.

부터 만들어진 고인돌들인 탁자형의 북방식 고인돌과 바둑판형의 남방형의 고인돌들이 같이 산재하고 있어 우리 민족의 이동 경로를 살피는 좋은 역사 자료임에 틀림이 없다.

고창에서 영광을 거쳐 넓디 넓은 논길을 지나다 보면 바닷가 경치가 무척 좋은 곳에 염산교회가 위치하고 있는데, 옛날에는 섬이었던 곳을 바다를 막아 육지와 연결한 곳이라고 한다.

마침 교회학교 수련회를 떠나려던 김태균 목사를 만나 자세한 안내를 받을 수가 있었는데, 근래는 염산교회가 순교유적지로 알려지면서 전국에서 방문객이 이어지고 있다고 하셨다.

1997년에 염산교회 순교기념사업회가 구성되면서 '순교공원'과 '기독교인 순교탑', 그리고 주차장과 진입로 포장 등에 영광군청에서 지원을 하였다고 한다.

염산교회에서는 얼마나 많은 사람들이 순교를 하였는가?

염산교회가 다른 곳과는 달리 6·25 전쟁 중에 유난히 많은 순교자가 나오게 된 배경에는 영광의 독특한 시대상황이 있었다.

기독교인 순교탑

　염산면 일대에서는 해방 후 공산주의를 신봉하던 좌익세력들이 월암산을 배경으로 활동을 하고 있었는데, 북한 공산당의 거물 간첩인 남로당의 김상룡이 염산면 오동리 출신으로 김상룡을 따르는 자들이 많아 당시에 치안이 매우 불안하였다고 한다.

　6·25 전쟁이 일어나 약 한 달 만에 공산군이 영광에 밀어닥치자 숨어 지내던 좌익세력들이 갖가지 만행을 저질렀으며, 9월 28일에 국군이 서울을 수복한 후에도 좌익세력들은 높은 산과 해안을 끼고 1951년 2월까지 불갑과 염산 등지에서 주민들을 괴롭혔다. 특히 이들은 1950년 9월 29일 후퇴하던 국군과 UN군이 영광군에 진입을 할 때 환영행진을 하고 만세를 부른 기독교인들과 우익인사들에게 보복을 할 계획을 세운 것이었다.

염산교회 옛날 강대상과 교회의 종

염산교회 77인의 묘지와 순교기념비

　공산주의자들은 1950년 10월 7일 염산교회 성도인 기삼도, 노용길, 노순기 등의 젊은이 들을 교회마당에서 창으로 찔러 죽이고 염산교회당을 불살라 버리는 만행을 저질렀다. 이어 나머지 청년들을 새끼줄로 엮어 돌멩이를 달아 수문 앞의 바다에 수장水葬을 시켜 죽이는 등 이들이 갖가지 방법으로 죽인 염산교회의 성도들이 모두 77명이니, 교회 성도의 3분의 2가 순교를 당하는 참극이 벌어지게 된 것이었다.
　염산교회의 순교사건은 세계 기독교 역사상 단일 교회의 순교자 숫자로는 가장 많은 수가 되지 않을까 하는 생각이 든다. 특히 염산교회의 3대 목회자인 김방호 목사 가족은 본인과 부인 그리고 자녀와 손자녀들까지 8명이 모두 순교를 당하였다.

김방호 목사는 어떤 사람인가?

　김 목사는 경북 경산 출신으로 만주에서 독립운동을 하던 중 군자금을 모금하려고 국내에 왔다가 우연히 참석한 부흥회에서 예수님을 만난 분이다. 그 후 1906년에 개성의 한영서원에서 공부를 마치고 교사로 근무하다가 평양신학교에 입학을 하여 48세에 졸업을 하였다.
　김방호 목사는 큰 교회의 초빙을 물리치고 섬과 벽촌의 교회에서 시무를 하다가

염산교회 김태균 목사님과 함께.

1950년 3월 10일 염산교회에 부임을 하였는데, 이곳이 바로 자신의 순교 장소가 될 줄을 알았겠는가?

염산교회를 떠나는 필자에게 김태균 목사가 들려준 말을 되새겨 본다.

"지금은 세계 역사상 그 유례가 없는 동족간의 전쟁을 치른 지 상당한 기간이 흘렀습니다. 빈번한 남북한의 접촉과 대화만을 보고 통일이 성큼 다가선 듯한 착각으로 지난날의 비극을 망각해서는 안 됩니다."

맞는 말씀이다. 순교자의 피가 오늘도 쉬지 않고 한국교회에 흐르고 있으니, 믿음의 후손들인 우리는 두렵고 떨린 마음으로 옷깃을 여미어야 할 것이다.

다음은 인근의 야월교회로 향하였다.

> † 하나님은 크고 측량할 수 없는 일을 행하시며 기이한 일을 셀 수 없이 행하시나니 비를 땅에 내리시고 물을 밭에 보내시며 낮은 자를 높이 드시고 슬퍼하는 자를 흥기시켜 안전한 곳에 있게 하시느니라 하나님은 궤휼詭譎한 자의 계교를 파하사 그 손으로 하는 일을 이루지 못하게 하시며 간교한 자로 자기 궤휼에 빠지게 하시며 사특邪慝한 자의 계교를 패하게 하시므로 그들은 낮에도 캄캄함을 만나고 대낮에도 더듬기를 밤과 같이 하느니라 (욥기 5:9-14)

야월교회 성전

6 전교인 65명이 모두 순교한 영광 야월교회

전남 영광군 염산면 541-1 ☎ 061-352-9147

† 네가 장차 받을 고난을 두려워 말라 볼찌어다 마귀가 장차 너희 가운데서 몇 사람을 옥에 던져 시험을 받게 하리니 너희가 십일 동안 환난을 받으리라 네가 죽도록 충성하라 그리하면 내가 생명의 면류관을 네게 주리라(요한계시록 2:10)

염산교회를 나와 인근 가까운 곳에 위치한 야월교회를 찾았다. 한국교회는 일제시대에 신사참배를 반대하

야월교회 순교자기념탑

다가 많은 순교자를 내었지만, 사실은 1950년 6월에 일어난 한국전쟁 기간 중에 더 많은 순교자들이 생겼다. 순교자의 숫자에서 77명이 순교당한 염산교회보다는 인원이 적지만, 야월교회와 같이 전교인이 전원 공산당원들에게 순교를 당한 사건은 세계 기독교 역사에 유례가 없는 순교사건인 것이다.

야월교회의 뒤뜰에는 1990년에 세워진 순교기념탑이 있으니 그 비문을 읽어 보자!

순교기념탑 건립에 즈음하여

"1898년 목포에 선교부를 세운 미국 남장로교 소속의 배유지Eugine Bell 목사 일행의 선교활동으로 이곳 영광군 염산면 야월리에 복음이 전파되었다.

구한말 암울한 시대적인 상황에서 친일파인 일진회에 반대하던 문영국, 정정옥 등이 1908년 4월 5일, 야월교회를 설립하였다.

해방 후에 야월도가 육지와 연결이 되면서 교회는 급속히 성장을 하였다. 1950년 6월 22일 이 지역에 숫자가 확실치 않은 인민군이 상륙을 하였지만 한 기독교인의 신고로 목적을 이루지 못하였다.

이들은 기독교적인 사상의 갈등으로 교회에 탄압을 가하던 중 1950년 9월부터 10월 사이에 기독교인들을 살해하였다. 교회는 불타고 교인 전체 65명이 죽임을 당하여 이 지역의 복음화가 일시적으로 단절된 듯하였으나 이들의 거룩한 씨앗이 큰 나무로 자라서 이곳이 믿음의 모퉁이 돌임을 오늘까지 생생하게 증언해 준다." (호남신학대 차종순 교수 글)

야월교회 배길양 목사가 야월교회의 역사를 설명하여 주셨다.

　순교기념탑의 기록을 읽는 중에 야월교회의 배길양 목사가 오시어 자세히 안내를 해 주셨다. 현재 야월교회의 뜰에는 염산면 일대의 교회의 순교자들의 희생을 기리는 순교기념관이 세워져 있다. 야월교회를 비롯한 영광군의 많은 교회에서 순교자가 나온 것은, 1950년경에 이미 염산면 오동리 상오부락 출신의 북한 공산당의 거물인 김삼룡과 그의 추종세력들이 크게 활동을 하였기 때문이었다. 특히 염산지역은 다른 곳에 비하여 좌익세력들의 활동이 1952년 1월 16일까지 지속되어, 기독교인들과 우익 인사들이 체포 처형되었다. 물론 가족들까지 모두 죽임을 당하기도 하였다.
　1951년 8, 9월까지 야월교회 성도들은 공산당원에게 끌려가서 몽둥이로 맞아 죽고 죽창에 찔려 죽고, 어떤 사람은 몸에 돌을 달아 바다에 빠뜨려 죽임을 당했다. 어떤 사람들은 땅을 파고 생매장을 시켜 죽이는 등 65명 모두가 죽임을 당했으며 교회까지 불타 버린 것이었다.
　순교기념관에 들어서면 커다란 두 개의 팔이 서로 안고 있는 조형물이 보인다.
　"이것은 상처 난 팔과 건강한 팔이 서로 끌어안은 형상입니다. 야월교회는 6·25 전쟁으로 상처를 많이 받은 교회이지만, 예수님의 은혜로 치유를 받고 상처받은 이웃을 위하여 나아가는 이미지를 형상화한 것입니다. 저는 야월교회의 성도들이 흘린 순교의 피는 1886년 대동강변에서 순교를 당한 토머스의 순교의 피로 출발한 것으

야월교회 순교기념관

로 믿고 있습니다. 그래서 토머스와 한국교회의 순교자들의 사진을 같이 전시한 것이지요."

배 목사와의 이야기는 계속되었다.

"어떻게 이렇게 큰 기념관을 지으셨나요?"

"아무리 생각해도 하나님이 모두 하신 것입니다."

기념관의 2층에는 예배를 드리거나 세미나를 할 수 있는 공간이 있고, 1층에는 한국교회사의 태두인 김수진 목사가 기증한 기독교 초기에 발간된 책자들이 진열되어 있다.

"앞으로 마당을 공원화하고 숙박시설을 짓는 등의 마무리 공사가 끝나면 준공예배를 드리려고 합니다. 그 때가 되면 전국의 교회에서 청소년들이 와서 순교신앙을 배우게 될 것입니다."

순교하기 전의 야월교회 성도들 모습

    좌익세력이 야월교회의 성도들을 다 죽이고 교회를 불태워 없애 버렸지만, 주님이 부활하신 것처럼 야월교회도 더 크게 부활을 한 것을 눈으로 보고 있는 것이다.
    예수를 믿는다는 것이 무엇인가? 부활을 믿고 순교를 각오하며 감사하고 기쁘게 하루에 집중하며 최선을 다하여 사는 것이 아닌가?
    다음은 염산교회, 야월교회와 같은 시기에 공산당원들에게 순교를 당한 문중경 선교사의 순교신앙의 향기가 가득한 보물섬 신안군의 증도를 찾고자 한다.

문준경 순교현장

7 보물섬 증도의 문준경 전도사의 순교지

대초리교회: 전남 신안군 증도면 대초리 111
☎ 061-275-7625

증동리교회: 전남 신안군 증동리 1304
☎ 061-271-7547

†잉태치 못하며 생산치 못한 너는 노래할찌어다 구로치 못한 너는 외쳐 노래할찌어다 홀로 된 여인의 자식이 남편 있는 자의 자식보다 많음이니라 여호와의 말이니라 네 장막터를 넓히며 네 처소의 휘장을 아끼지 말고 널리 펴되 너

의 줄을 길게 하며 너의 말뚝을 견고히 할찌어다 이는 네가 좌우로 퍼지며 네 자손은 열방을 얻으며 황폐한 성읍들로 사람 살 곳이 되게 할 것임이니라(이사야 54:1-3)

　전국에서 기독교 복음화율이 가장 높은 곳은 어디일까? 우리나라의 서남쪽 바다에 떠 있는 1,004개의 섬으로 구성된 신안군의 복음화율이 약 35%로 최고로 인정을 받고 있다. 그중에도 증도는 2,200여 인구 중에 90% 정도가 예수를 믿으며 교회가 11군데나 있는 기적의 섬으로 '빛과 소금'의 섬이라고도 부른다.
　증도를 가는 길은 멀고 먼 길이지만 한 번 찾은 사람은 반드시 다시 찾는 보물섬이다. 서해안고속도로의 북무안 IC를 나와서 지도 방향으로 달리는 길은 바닷바람에 상쾌하다. 지도의 지신개에서 차를 배에 싣고 10여 분 만에 증도에 도착하니 바로 넓은 태평염전이 눈에 가득 들어온다. 근대문화유산으로 등록된 국내 최대 단일염전인 태평염전은 증도 방문객을 가장 먼저 맞이하는 위치에 있다. 태평염전은 우리나라의 천일염 생산의 60%에 달하는 연간 1만 6,000톤을 생산하는 140만 평의 규모를 갖고 있다.
　오래 전에 증도는 거대한 개펄을 사이에 두고 전증도와 후증도로 나뉘어 있었다고 한다. 밀물 때면 개펄이 바다가 되고 썰물이 되면 겨우 개펄이 드러나 '노두'라는 돌징검다리를 건너 다녔다. 그러던 중 1953년 전쟁 피난민들을 정착시키기 위하여 개펄에 둑을 쌓아 염전을 만든 것이다. 또 증도 인근 바다에서 1976년 한 어부의 그물에 걸린 청자로 인해 시작된 신안해저유물발굴은 세계를 놀라게 하였고 증도가 유명해진 계기가 되었다.
　11차에 걸친 인양작업으로 도자기 2만 661점, 금속제품 729점, 석제품 43점, 동전류 28톤, 자단목 1,017개, 기타 574점을 인양하였다. 그리고 침몰 선체로 인해 중국 도자기사의 역사를 재정리하게 했고, 한국, 중국, 일본 교역사 연구에 새로운 자료제공과 고대무역선의 실체를 통해 동양문화사 연구에 업적을 남겼다.
　또한 증도에는 '짱뚱어다리'가 유명한데, 총 470여 미터 나무로 만든 다리를 건너며 갯벌생물을 관찰할 수 있으며 짱뚱어가 많이 잡혀 붙여진 이름이다. 물이 들면 마치 바다 위를 걷는 것 같은 느낌이 들어 영화 속 주인공의 기분을 만끽할 수 있는 곳이다. 하얀 모래사장으로 된 4km 길이의 우전해수욕장은 하와이나 괌보다 못할 것이 없다는 생각을 하게 된다. 또한 증도의 갯벌생태전시관은 갯벌을 이해할 수 있는 산 교육장으로 갯벌의 생성과 변화, 자연정화능력 그리고 생물의 신기한 생활환경을 배울 수 있다.

오늘의 여정의 목적은 교통이 나쁘고 수많은 섬들로 구성된 신안군에 어떻게 그 많은 교회들이 세워졌고 70여 명이나 되는 목회자들을 배출한 배경은 무엇인지에 대한 궁금증을 풀기 위한 것이다.

순교신앙의 향기를 찾는 길

금번 답사는 대초리교회의 지영태 목사께서 안내를 하여 주셨는데, 지 목사는 문준경 전도사 순교기념사업회장을 맡고 계신 분이다.

지 목사와 증도의 구석구석을 다니는 동안 증도의 매력에 흠뻑 빠지는 경험을 하였다. 신안군에 많은 교회를 세우고 복음을 전하다가 6·25 전쟁 중에 공산당원에게 죽음을 당한 문준경 전도사(1891~1950)는 드문 여성 순교자이다. 이제 문 전도사의 고난의 생애가 우리 한국교회의 영광이 된 역사를 돌아볼 때가 된 것이다.

문 전도사는 1891년 2월 2일 전남 신안군 암태면 수곡리에서 태어나 어려서부터 총명하다는 소리를 들었으며, 무슨 일이든 척척 앞장서 솔선수범하는 반듯한 모습으로 자랐다. 1908년 3월 18일 봄에 17세의 나이로 신랑 얼굴도 제대로 보지 못한 채 결혼을 했으나, 외지를 떠도는 남편 정근택은 아내를 돌보지 않은 채 소실을 두고 자녀까지 낳아 살고 있었다.

20년의 세월 동안 생과부가 된 문준경은 지극한 효성으로 섬기던 시아버지가 돌아가시고 시어머니는 큰 시숙과 생활하게 되자, 갈 곳이 없어 목포에 가서 오빠가 운영하는 중앙여관의 단칸방에서 삯바느질을 하며 외롭고 고달픈 삶을 살았다. 그러던

대초리교회

중 예수를 믿으면 삶의 기쁨과 감사가 넘친다는 이야기를 듣고 북교동성결교회를 찾게 되었다.

이때 북교동교회는 유명한 부흥사 이성봉李聖鳳 목사(당시 전도사)가 부임하여 한창 부흥을 할 때였다. 이성봉 목사의 설교는 실의에 빠져 있던 그녀의 마음에 새로운 삶에 대한 기대와 기쁨을 채워 주었으며, 은혜를 받은 그녀는 학습 세례를 받고 전도에 열성을 보이는 성도로 바뀌었다.

신앙성장이 빨랐던 그녀는 집사 직분을 받고 하나님께 죽을 때까지 복음을 전하리라 서원하고, 서울 경성성서학원(서울신대 전신)에서 공부를 시작하였다. 그녀의 나이 만 40세 때였다. 경성성서학원은 수업기간이 6년이었으며, 1년에 3개월은 공부를 하고 9개월은 학생

순교지 부근에 있는 문준경 전도사 순교비

들 단독으로 교회를 개척하도록 하였다.

새끼를 많이 깐 씨암탉, 문준경 전도사

문준경은 학교가 쉬는 동안 1932년에 임자도에 내려가 처음으로 진리교회를 개척하였다. 진리교회는 1950년 문 전도사와 함께 48명이 예수 믿는다는 이유 하나로 집단 순교를 당한 성지가 되었다. 문 전도사는 진리교회가 안정되자, 1933년 시집와서 20년을 살던 증동리에 와서 증동리교회를 세우고 교회를 중심으로 인근에 교회와 기도소를 세워 나갔다. 문 전도사는 증동리교회에서 썰물에 개펄 위로 드러나는 노두를 이용하여 대초리에 세 번째 교회를 세웠다. 그렇게 중간 중간에 문 전도사가 세웠던 기도소들이 지금은 모두 교회가 되었으며 수많은 사람들이 신앙생활을 하였고 70명이 넘는 목회자가 나온 곳이 되었다. 그녀는 믿음만으로 교회를 세운 탓에 숱한 고통이 끊이지 않았지만 기도로 환경에 굴하지 않고 견디어 냈다.

그녀는 주민들의 부탁으로 짐꾼노릇, 우체부노릇을 마다하지 않았고, 섬 주위 돌짝 밭길을 하도 다니는 바람에 1년에 아홉 켤레나 고무신을 바꿔 신었다고 한다. 그녀의 열정적인 기도로 정신병자, 중풍병자를 고쳐 내 섬 여의사란 말까지 들을 정도였다.

1943년 일제의 탄압은 문 전도사가 개척한 증동리교회에까지 미쳤다. 문 전도사는 신사참배를 거부했다며 목포경찰서로 불려가 고문을 당했지만, 그때마다 찬송가 383장(환란과 핍박 중에도 성도는 신앙 지켰네)을 부르며 "죽으면 죽으리라"라는 말을 수없이 되풀이했다고 한다. 그렇게 그녀는 계속적인 회유, 협박 속에서도 굴욕적인 신사참배를 끝까지 거부하였다.

해방 후에는 공산주의를 따르는 좌익계의 활동이 섬 일대에 밀려왔고, 6·25 전쟁 중에는 지역 전체가 인민군에게 넘어가자 교회를 못마땅하게 여겼던 지역의 공산주의자들이 문 전도사와 성도들을 핍박하기에 이르렀다.

목포인민위원회에 끌려갔던 문 전도사는, 이성봉 목사의 섬이 완전히 국군에 의해 수복이 된 후에 들어가라는 권고를 뿌리치고 증도로 돌아왔다. 1950년 10월 4일 국군이 증도까지 들어온다는 소식이 전해지자, 악의에 찬 공산당원들은 교인과 양민들을 바닷가 모래사장으로 이끌어 내고는 한 사람씩 단도로 내리쳐 죽였다.

특히 그들은 문 전도사를 새끼를 많이 깐 씨암탉이라며 몽둥이로 내리쳤으며, 문 전도사는 "아버지여 내 영혼을 받으소서"라는 마지막 말을 남기며 총탄에 쓰러지고 말았다. 1950년 10월 5일 새벽 2시, 문 전도사의 나이 만 59세 나이였다.

지영태 목사와 함께 문 전도사가 순교당한 현장에 와 보니 순교기념비와 몇 년 전 이장한 묘지가 있었는데, 정확한 순교현장은 도로의 중간이라고 한다.

그녀가 고향 섬에 설립한 증동리교회, 진리교회, 대초리교회 등 10여 개의 교회는, 오늘날 한국교회를 대표하는 수많은 목회 지도자들(김준곤, 이만신, 정태기, 이만성, 고훈 목사 등)을 배출한 믿음의 산실로 많은 결실을 이루어 나가고 있다.

증도에 관한 기록은 근래 발간된 『천국의 섬』(저자 유승진)을 참고하면 크게 도움이 될 것이다. 앞으로 증도에 문중경 순교기념관이 세워지면 수많은 청소년들이 와서 그녀의 순교신앙을 배우기를 바라는 마음이다.

증도에서 나와 문준경 전도사가 신앙생활을 시작한 가까운 목포의 북교동교회를 향하였다.

북교동교회

문준경 전도사의 삶의 흔적이 있는 목포 북교동 교회

증도에서 받은 은혜가 너무 커서 그냥 집으로 향할 수가 없었다. 그래서 목포시 북교동 160번지에 있는 북교동교회에 들리기로 하였다.

이미 세워진 목포의 교회들에서 소외된 몇 사람들이 모여 1924년 시작한 북교동성결교회는, 문 전도사가 신앙생활을 시작한 곳이고 유명한 부흥사 이성봉 전도사가 사역하던 교회이다.

마침 교회 사무실에서 고정웅 장로(66세, 할머니가 문준경 전도사와 자매관계)를 만나 문 전도사가 목포에서 지낸 이야기들을 들을 수가 있었고, 옛 중앙여관 자

북교동교회 고정웅 장로와 함께.

리(현재는 술집)도 둘러볼 수가 있었다.

고정웅 장로는 자신의 성경책 앞에 붙여 놓은 문 전도사의 사진을 비롯한 당시의 문 전도사와 관련이 있는 분들의 사진들을 보여 주셨다. 고 장로께 언젠가 문 전도사의 기념관이 세워지면 성경책을 기증하라고 당부도 드렸다.

증도와 북교동교회의 문준경 전도사의 미션 현장을 다녀오면서 사도 바울의 고백이 떠오른다.

† 우리가 그 안에서 그를 믿음으로 말미암아 담대함과 하나님께 당당히 나아감을 얻느니라 그러므로 너희에게 구하노니 너희를 위한 나의 여러 환난에 대하여 낙심치 말라 이는 너희의 영광이니라 (에베소서 3:12-13)

다음은 일제시대 신앙 선조들의 독립운동 유적지들을 살펴보고자 한다.

8
독립운동 유적지

1_민족의 고난을 배우는 서대문독립공원西大門獨立公園
2_도산 안창호기념관島山安昌浩記念館의 도산공원
3_남강 이승훈의 신앙과 오산학교
4_무궁화꽃으로 피어나는 남궁억의 한서교회
5_유관순柳寬順의 신앙과 열정의 매봉교회
6_군산 3·5 만세운동의 진원지, 군산 구암교회
7_4·4 만세항쟁과 남전교회

독립문

1 민족의 고난을 배우는 서대문독립공원西大門獨立公園

서울시 서대문구 현저동 101

†예수께서 가라사대 내가 곧 길이요 진리요 생명이니 나로 말미암지 않고는 아버지께로 올 자가 없느니라 너희가 나를 알았더면 내 아버지도 알았으리로다 이제부터는 너희가 그를 알았고 또 보았느니라(요한복음 14:6-7)

1940년 8월 1일 일본 외무대신 마쓰오카 요스케松岡洋右가 일본 영토의 확장을 위한 '대동아공영권'의 성장 계획을 발표하였다. 이 대동아공영권의 중심계획은 2년 안에 조선과 만주, 그리고 중국의 남부를 일본에 포함시키는 것이었다.

그들은 일본인들의 순수한 혈통을 지키고 열등한 조선을 개화시킨다는 명목으로 침략을 하여 강제노역에 조선인을 동원하였다. 일본인들은 조선의 100만 명의 젊은 이들을 징발하여 고향에서 멀리 떨어진 곳, 또는 일본으로 끌고 가서 건설현장과 탄광 등에 투입시켰다. 또한 관리직에 채용한다고 속여 수천 명의 조선 여성들을 끌어다가 일본 병사를 위한 위안부로 만들기도 하였다. 이외에도 일본인들이 36년 간 조선인들에게 한 악한 행위는 일일이 열거하기가 어려울 정도로 많은 것이다.

그러나 하나님께서는 생명과 복, 사망과 화禍를 우리 앞에 두셨는데, 일제 36년 간은 한국교회가 갖가지 고난을 겪으면서 성장을 하는 토대가 만들어진 기간이기도 하였다. 우리나라 곳곳에는 일제시대 독립을 위하여 희생을 한 분들의 역사를 간직한 현장이 많이 있는데, 앞으로 중요한 몇 곳을 차례로 찾고자 한다.

먼저 서울의 서대문독립공원부터 찾았는데, 서울시에서 공원을 잘 정비하여 수많은 사람들이 국내외에서 찾는 곳이다.

서대문독립공원은 어떻게 만들어졌는가?

일찍 서대문형무소로 출발한 서대문독립공원은 1908년 일제가 조선 침략을 본격화하면서 만든 경성감옥의 자리이며, 1912년부터는 서대문형무소로 명칭을 바꾸었다.

독립운동을 하시던 김구(金九, 1875~1949), 유관순(柳寬順, 1904~1920), 강우규(姜宇奎, 1855~1920) 등 독립투사들이 옥고獄苦를 치르신 곳이기도 하다. 그분들의 애국애족의 정신을 기리기 위하여 정부에서 공원으로 조성을 하여 사적 324호로 보존하고 있으며, 국내뿐 아니라 일본의 학생들이 한국으로 수학여행을 오면 이곳에 들러 자신들의 선조들이 저지른 죄악을 돌아보고 반성을 하는 장소가 되고 있다.

오래 전 경복궁 앞에 있던 조선총독부 건물을 해체한 것도 다른 관점에서 보면 잃은 것도 많다는 생각을 하게 되는데, 그 건물을 통하여 후손들이 일제의 침략을 받은 굴욕의 36년의 역사를 기억하고 되새길 수 있도록 유적으로 보존을 하였다면 어떠했을까? 그러나 그러기엔 일제시대의 굴욕屈辱의 감정이 국민들에게 너무나 컸지 않았나 생각이 들기도 하는 것이다.

또한 서대문독립공원은 민중民衆을 계몽시키고 개혁을 시도하던 서재필의 정신이 남아 있는 곳이며 유관순 열사가 순국하신 곳이기도 하다.

한국은 21세기에도 민주화된 경제대국으로 번영을 계속하고 있지만, 대륙 세력인 중국과 러시아, 그리고 해양세력인 일본과 미국 사이에 있는 지정학적地政學的 위치 때문에, 100여 년 전의 역사가 반복되지 않도록 국민들의 각별한 지혜가 필요하다고 생각을 한다.

자라나는 청소년들은 민족과 교회의 미래를 위해 올바른 역사의식을 갖되, 지도자가 되기 위하여 꿈을 갖고 자기연마自己鍊磨를 해야 한다.

서재필과 독립문은 어떤 관련이 있는가?

서대문독립공원에 들어서면 독립문과 서재필(徐載弼, 1864~1951) 박사의 동상과 그가 세운 독립관을 만나게 된다. 이곳의 유적들은 서재필 박사가 민족계몽 운동을 통하여 근대국가를 만들기 위한 개혁을 시도하던 역사적인 현장인 것이다.

서재필은 1884년 12월에 김옥균(金玉均, 1851~1894), 박영효(朴泳孝, 1861~1939)와 함께 수구파守舊派들을 물리치고 정권을 잡기 위하여 갑신정변甲申政變을 일으켰다가 3일 만에 실패하고, 그의 가족들은 멸족滅族을 당하였으며 그는 일본으로 망명을 하였다. 그리고 일본에 있던 루미스 선교사의 집에 머물다가 미국으로 건너가 기독교 신자가 되었으며, 컬럼비아대학에서 의학공부를 하고 1893년 의사면허증을 받게 된다.

서재필은 미국으로 망명한 지 11년 만에 조국으로 돌아와서 관직官職을 갖고 본격적인 개혁운동을 일으키게 되는데, 그 개혁운동은 민중의 계몽을 통한 아래로부터의 개혁을 이루는 것이었다. 그는 1896년 4월 7일에 한국 최초의 신문인 「독립신문」을 창간하였고, 7월 2일에는 관민官民합동으로 독립협회를 설립하였다.

독립관

　독립협회는 자주독립의 정신을 상징하는 의미로 홍제동 고개를 넘어오는 중국의 사신使臣들을 맞이하던 영은문을 독립문으로, 모화관을 독립관으로 개축을 하였다.
　또한 서재필은 배제학당에서 토론 모임인 '만민공동회' 萬民共同會를 만들어 정부를 비판하고 개혁을 요구하기도 하였다. 이로 인하여 조정의 관료들이 크게 반발하게 되어 개혁의 뜻을 펼치지도 못하고 1898년 5월에 미국으로 다시 건너가게 된다. 지금이나 옛날이나 개혁이라는 것을 할 때 기득권을 쥐고 있는 관료들의 반발로 인하여 실패를 하는 예가 많다.
　서재필의 개혁운동은 독립협회의 해산으로 끝났지만 그 영향은 사라지지 않고 국권회복운동과 애국계몽운동을 일으키는 원동력이 되었으며 1919년의 3·1 만세운동이 전국적으로 일어나게 된 원동력이 되었다.
　독립협회의「독립신문」을 인쇄하던 곳은 바로 정동의 옛 배재학당 자리로 모퉁이에 '최초의 한글성경'이 인쇄된 곳이라는 돌비가 서 있는 자리이다.
　독립문과 독립관은 기독교가 조선에 들어와서 사회를 민주화와 선진화로 변화시키는 출발점이었기에 그 역사적인 의미가 크다고 보겠다.
　19세기 말 한반도는 갑자기 밀려 들어오는 서양문명의 해외팽창으로 심각한 위기에 부딪히게 된다. 천 년 이상 동안 중국의 대륙문명으로부터 선진문명을 받아들이

서재필 박사 동상

던 한韓민족은 어느 날 갑자기 해양문명권의 세력과 부딪히게 된 것이다. 이때 운명적으로 서재필, 이승만, 안창호, 윤치호 등은 이미 선진화된 일본과 미국을 거치면서 기독교인이 되었고, 일본의 국가주의와 미국의 개인주의적인 민주주의를 경험하여 이를 조선에 접목을 하는 사명을 다양한 방안으로 시도하게 된 것이었다.

결국은 일본이 물러난 후 한국사회는 중국의 대륙문명권의 전통을 지속하려는 '위정척사파'와, 서양의 해양문명권의 전통을 세우려는 '문명개화파' 세력간의 갈등구조가 계속 이어지며 다양한 사건을 일으키게 된다.

특히 6·25 전쟁을 거친 후에 북한은 대륙문명권의 생활방식을 유지하여 비교적 안정적인 사회를 유지하는 반면, 남한은 새로운 해양문명권의 전통을 받아들여 이를 정착시키는 과정에서 큰 혼란과 갈등을 거치게 되었던 것이다. 특히 1960년대 말부터 불어 닥친 민족주의와 민중주의는 민족주체, 민족통일, 민중지배의 전통이 부활하면서 해양문명권과 대륙문명권의 기 싸움의 중대한 기로가 되었던 것이다.

우리 사회는 갈수록 좌파와 우파 그리고 진보세력과 보수세력으로 나뉘어 대립과 갈등이 심화되고 있다.

우리가 사는 세상은 모호성Ambiguity과 역설Paradox이 가득 찬 곳이며 선과 악, 진리와 허위 그리고 정의와 불의가 혼재되어 있는 곳이다. 진정으로 우리 민족을 위한 알곡과 쭉정이를 구분하기는 쉽지가 않으며, 예수님도 밀과 가라지의 공존을 요구하셨듯이 인내와 관용의 삶이 필요한 것이다. 지금 우리에게는 자신이 비록 알곡이라고 자부해도 쭉정이와 함께 사는 공존의 지혜가 필요하며, 함부로 정죄하거나 심판하지 않는 겸손이 필요한 것이다. 마지막 심판에는 역사의 주관자이신 주님이 관여하시기 때문이다.

서재필, 이승만 등과는 다른 길을 살았던 백범 김구의 생애를 돌아보며 '어떤 새도 날개가 두 개여야만 난다'라는 말을 깊이 되새겨 본다.

오늘에 백범 김구의 생애를 돌아보는 이유는?

서대문형무소에 와서 이곳에 수감되었던 백범 김구 선생을 생각해 본다.

백범은 1876년에 태어나 1949년 세상을 떠나기까지 한결같은 마음으로 민족을 사랑하시고 봉사하신 분이다.

김구 선생은 황해도 해주에서 외아들로 태어나 과거에 낙방을 한 후에는 풍수지리 風水地理, 관상학觀相學, 동학東學과 유학儒學 등을 두루 공부하시고 불교에도 심취하였으나, 결국에는 예수님을 믿고서 기독교인이 되셨다.

1905년부터 감리교회 단체인 '엡윗청년회'의 활동을 하면서 도산 안창호, 전덕기 (全德基, 1875~1914) 목사, 이승훈 선생 등과 같이 비밀결사단체인 '신민회' 新民會를 조직하셨다.

1910년 일제가 교회를 말살抹殺하기 위하여 조작한 '105인 사건' 때 구속되어 17년의 징역형을 받고 서대문형무소에 갇히게 되었으며, 서대문형무소에 갇힌 김구 선생을 찾아온 어머니 곽낙원은 아들의 옥살이를 슬퍼하지 않고 "나는 오히려 네가 경기도 감사를 하는 것보다 더 낫다!"며 격려를 하였다고 한다.

김구 선생은 어머니의 이 말씀을 평생 간직하고 살았으며 그의 호를 백범으로 지었다. 요즘 자녀들을 과잉 보호하여 키운다는 헬리콥터 부모나 부모 품을 못 벗어난다는 캥거루족이라는 말이 있는데, 역시 김구 선생 같은 아들을 키운 어머니는 무언가 다른 분인 것이다.

백범상 앞에서.

　백범白凡이라는 말은 '우리나라의 모든 하급인의 상징인 백정白丁(소와 돼지를 잡는 사람으로 천하게 여겼다)과 보통 사람인 범부凡夫들이 나 정도의 애국심을 가져야 독립이 된다'는 생각으로 지으신 호인 것이다.
　백범은 서대문형무소에서 1914년에 가석방되었는데, 광복이 되기까지 그가 벌인 독립운동은 우리 역사에 귀한 귀감이 되고 있다. 광복 후에는 중국에서 귀국하여 서울의 경교장(서울 종로구 평동 108-1)에 머물면서 혼란한 정국의 안정을 위한 노력과 신탁통치 반대운동을 펼치셨다.
　그리고 남과 북의 단독정부 수립으로 인한 남북 분단을 막기 위하여 혼신의 힘을 기울이다가, 1949년 6월 26일 주일날 12시 50분경 자객 안두희가 쏜 흉탄 4발을 맞아 자주통일국가를 보지 못하고 74세의 일기로 순국을 하셨다.
　김구 선생이 마지막 숨을 거둔 경교장京橋莊 건물은 서대문공원에서 가까운 강북삼성병원 본관으로, 지금도 서울시에서 유형문화재 제129호로 지정하여 잘 보존하고 있다.
　백범기념관을 찾아보자!
　효창공원에 있는 백범기념관(서울시 용산구 효창동 255 전화 02-799-3400 www.kimkoomuseum.org)과 묘소를 돌아보다가 생각난 김구 선생의 말씀 중에 간단한 것을 적어 한국사회에 새로운 리더가 되고자 하는 분들에게 전하고자 한다.

"… 백성들의 작은 의견은 이해관계로 결정되거니와, 큰 의견은 그 국민성과 신앙과 철학으로 결정된다. 여기서 문화와 교육의 중요성이 생긴다. 국민성을 보존하는 것이나 수정하고 향상하는 것이 문화와 교육의 힘이요, 산업의 방향도 문화와 교육으로 결정됨이 큰 까닭이다. 교육이란 결코 생활의 기술만을 가르치는 것만을 의미하는 것이 아니다. 교육의 기초가 되는 것은 우주와 인생과 정치에 대한 철학이다. 어떤 철학 위에, 어떤 생활기술을 가르치는 것이 국민교육이다. 그러므로 좋은 민주주의 정치는 좋은 교육에서 시작될 것이다. 건전한 철학 위에 서지 아니한 지식과 기술의 교육은 그 개인과 그를 포함한 국가에 해가 된다. 인류 전체를 보아도 그러하다." (『나의 정치이념』 중에서 발췌)

"나는 우리나라가 세계에서 가장 아름다운 나라가 되기를 원한다. 가장 부강한 나라가 되기를 원하는 것은 아니다. 내가 남의 나라의 침략을 받았기에 남의 나라를 침략하는 것을 원하지도 않는다. 우리의 富力은 우리의 생활을 풍족히 할 만하면 되고 우리의 強力은 남의 침략을 막을 만하면 족하다. 오직 한없이 가지고 싶은 것은 높은 문화의 힘이다. 문화의 힘은 우리 자신을 행복하게 하고 나아가 남에게 행복을 주기 때문이다. 지금 인류에게 가장 부족한 것이 무력이 아니요, 경제력도 아니다. 자연과학의 힘은 아무리 많아도 좋으나 인류 전체로 보면 현재의 자연과학만 가지고도 편안하게 살아가기에 넉넉하다." (『내가 원하는 우리나라』에서 발췌)

진정한 리더는 봉사奉仕하는 사람이며 내 것을 남에게 제공함으로써 그들의 삶이 풍요로워지도록 도와주는 사람이다. 리더는 자신이 필요로 하는 것만큼이나 다른 사람이 필요로 하는 것도 소중히 여길 줄 아는 사람이며, 모든 일에 최선을 다하는 탁월함을 발휘하는 사람, 세상이 좋은 방향으로 변화하게 하는 사람이다. 이것은 하나님이 우리를 세상에 보내신 이유가 되는 것이 아닌가?

유관순 열사가 옥중 만세운동을 일으킨 곳

서대문독립공원에서 마음을 가장 아프게 하는 곳은 바로 유관순 열사가 순국한 지하 여성감방이다. 해방 후에 발굴한 이 지하감방은 2평도 안 되는 좁은 공간이지만

유관순 열사가 순국한 지하감방

　유관순 열사가 마지막 만세운동을 주도한 곳이다.
　유관순은 병천만세운동으로 3년의 징역형을 선고받고 이에 불복不服하여 경성복심법원에 상고를 하였는데, 이러한 이유로 법정모독죄가 추가되어 7년형을 선고받고 서대문형무소로 이송이 되었다.
　서대문형무소에는 독립운동에 참여한 투사들이 많이 수감되어 있었는데, 유관순은 민원숙, 어윤희, 박인덕, 이신애, 김신의 그리고 호수돈여고 사감인 신관빈, 맹인 전도사 심명철 등과 함께 수감생활을 하였다.
　유관순은 이곳에서 1920년 3·1운동 1주년을 맞이하여 옥중만세운동을 일으켰는데, 만세소리가 감옥을 넘어 냉천동, 서소문 일대에 퍼지게 되어 경찰기마대까지 출동할 정도였다고 한다. 이로 인하여 유관순은 고문을 당하여 방광이 터졌지만 투쟁을 그치지 않았고, 고문이 반복되다가 급기야는 1920년 10년 12일 옥중에서 사망하였다.
　유관순의 의거는 광복이 되기까지 잊혀졌는데, 광복 후에 유관순을 이화학당에서 가르치고 수감생활을 같이 했던 박인덕 선생에 의해 밝혀져서 오늘에까지 그 정신이 이어져 오고 있다.
　기술한 세 사람 이외에도 많은 독립운동가들이 고초를 당한 역사의 현장인 10, 11, 12호 감방은 당시의 모습으로 보존이 되고 있다.
　다음은 우리 민족의 위대한 스승인 도산 안창호 선생의 자취를 찾고자 한다.

도산공원 정문

2 도산 안창호기념관 島山安昌浩記念館의 도산공원

서울 강남구 신사동 649-9 ☎ 02-541-1800
www.ahncangho.or.kr

†모르드개가 자기의 당한 모든 일과 하만이 유다인을 멸하려고 왕의 부고에 바치기로 한 은의 정확한 수효를 하닥에게 말하고 또 유다인을 진멸하라고 수산궁에서 내린 조서 초본을 하닥에게 주어 에스더에게 뵈어 알게 하고 또 저에게 부탁하여 왕에게 나아가서 그 앞에서 자기의 민족을 위하여 간절히 구하라 하니(에스더 4:7-8)

도산공원에 세워진 도산 안창호의 어록기념비

우리 민족의 최대의 장점이라면 우선 '끈기' Perseverance라는 민족성을 이야기하고 싶다. 끈기는 초지일관 꾸준히 밀고 나아가는 자세로서 자신이 세운 목표에 전념하여 장애가 얼마나 크든지 시간이 얼마나 걸리든지 간에 그것을 극복해 나가는 것이다.

끈기가 있으면 포기하지 않고 계속하여 한 걸음씩 앞으로 내딛을 수 있기에 우리는 민족 앞에 지금 놓인 갖가지의 폭풍우를 헤쳐 나아갈 수 있는 것이다. 우리 사회는 지금 미국 쇠고기 파동으로 인하여 폭풍을 만난 배와 같지만, 결코 부서지지 않을 것이고 뱃길을 이탈하지도 않으며 단지 파도를 타고 더욱 빨리 나아갈 뿐인 것이다.

한국교회의 성도들은 과거 독립을 위하여 끈기를 갖고 기도하였으며 그 기도는 지금도 계속되고 있다.

21세기 들어서 촉발된 미국과 아프가니스탄의 전쟁은 과거 국가와 국가간의 전쟁과는 사뭇 다른 전쟁으로 지구촌을 두렵게 하고 있다. 그리고 우리 주변의 정세도 100여 년 전 일본에 침략당할 때와 너무 흡사한 모습을 보여 주고 있다.

러시아는 블라디미르 푸틴 대통령을 중심으로 영향력을 확장하고 있으며, 일본은 바뀌는 총리마다 민족주의와 군국주의를 강화하면서 미국의 아프간 전쟁을 활용하여 해외파병의 명분을 만들려고 모략謀略을 짜고 있다. 또한 중국은 거대한 땅과 인

도산공원의 도산 기념비

구를 바탕으로 경제적인 위협을 하고 있지만, 우리의 정치 지도자들은 나라 안에서 서로 물고 물리는 이전투구泥田鬪狗의 모습을 보이고 있어 안타까운 생각이 든다.

오늘의 급변하는 시대 상황을 바라보며 일제시대 끈기 있는 민족의 지도자 한 사람의 생애를 통해 오늘을 보는 거울로 삼고자 한다. 개인이나 국가가 환경이 어려워도 성경 속의 하나님의 약속의 말씀을 붙잡고 나가면 반드시 승리한다는 것을 역사가 보여 주기 때문이다.

오늘은 해방된 지 62주년, 대한민국 건국 59주년이 되는 2007년 8월 15일. 일제시대 독립을 위하여 목숨을 바친 도산 안창호 선생의 정신을 기리기 위하여 도산공원을 찾았다.

도산島山 안창호는 기독교인으로 하나님의 사랑과 나라 사랑을 실천한 우리 민족의 위대한 스승이기에, 우리가 이 흔들리는 어려운 시대에 삶의 원칙을 발견하기 위해서는 돌아보아야 할 위인이라고 생각을 한다.

서울 강남구 청담동과 논현동 사이를 잇는 약 3km의 도산대로 곁에 있는 도산공원에는, 1973년 망우리에서 도산의 묘를 이장移葬하면서 미국 로스앤젤레스LA에 있던 부인 이혜련 여사의 유해와 합장한 묘소가 있다.

이곳에는 도산 안창호기념관과 기념비, 각종 말씀비, 망우리 묘지에 있던 기념 조

도산공원 안에 있는 도산의 묘지

형물이 있어 도심 속의 작은 공원으로서의 역할과 더불어 신혼부부들의 야외촬영 장소로도 많이 이용되고 있다.

'도산 안창호기념관'은 도산 탄생 120주년과 순국 60주기를 맞이하여 1998년 11월에 세워졌으며, 일기를 비롯해 도산과 관련된 각종 자료 160여 점이 비치되어 있다. 영상실과 도서실은 도산의 애국정신을 배우는 좋은 장소가 되고 있다.

도산 안창호는 어떤 분인가?

도산은 1878년 11월 9일 평안남도 강서군 초리면 칠리에서 태어나 한학과 유학을 공부하였으며, 1894년 16세 때 청일전쟁으로 황폐해진 평양시내를 바라보고서 우리 민족이 힘이 없어 당한 비극임을 깨닫고 평생을 조국에 바치기로 결심을 하게 된다.

도산은 이듬해 서울에 와서 언더우드가 세운 구세학당救世學堂(현 경신학교)에서 3년 간 신학문을 배우고 기독교인이 되었다. 1897년에는 독립협회에 참여해 만민공동회 관서지부를 조직하여 3년 간 경기, 황해, 평안도 등을 다니며 민중民衆의 각성을 촉구하는 연설을 하였다.

독립협회가 강제로 해산되자 도산은 1899년 고향으로 돌아와 점진학교를 만들어

도산 안창호 선생의 동상

민족교육을 하였으며, 황무지 개간사업과 탄포리교회를 설립하기도 하였다.

1902년에는 미국 유학을 결정하고 부인 이혜련과 배를 타고 태평양을 건너던 중, 바다에 우뚝 솟은 하와이의 모습을 보고서 자신의 미래를 이미지화하여 호를 도산島山이라고 짓게 된다. 같은 해 10월 샌프란시스코에 도착한 도산은 동포들이 서로 상투를 잡고 싸우는 모습과 열악한 환경을 보고 충격을 받아 학업을 포기하고 우선 동포들의 계몽을 위하여 1903년 '한인친목회'를 결성하였다.

1905년 4월에는 미주한인 최초의 공동체인 '공립협회'를 만들어 동포의 권익을 위하여 다양한 활동을 전개하였으며, 1905년 을사보호조약이 체결되어 국운이

이장하기 전 망우리 묘지에 세웠던 기념비

어두워지자 1907년 귀국을 하였다.

도산은 전덕기 목사, 윤치호, 신채호, 이동휘와 같이 상동교회에서 비밀결사단체인 '신민회'를 만들고 전국을 다니며 애국 연설을 하는 등 민중을 각성 계몽시켰다. 또한 도산이 평양에 대성학교와 태극서관 그리고 회사를 설립하는 등 왕성한 활동을 펼치자, 일제는 도산에게 내각의 중요 직책을 맡도록 회유懷柔하였지만 결연히 거부를 하였다.

1910년에는 안중근 의사의 거사로 독립지사들에 대한 탄압이 거세지자, 도산은 러시아, 독일, 영국을 거쳐 미국으로 다시 건너가 1913년에 민족운동을 주도할 지도자를 양성하기 위하여 '흥사단'興士團을 만들었다.

도산의 상해임시정부에서의 독립운동 자취를 살펴보자.

도산은 1919년 3·1 운동이 일어나자 5월 상해에 도착하여 상해임시정부의 내무총장 겸 국무총리 서리로 취임을 하였고, 독립운동의 모략謀略을 세우고 헌법과 법률을 만들어 임시정부로서의 면모를 갖추는 일을 하였다. 그리고 중국의 상해와 국내 한성임시정부 그리고 러시아의 대한민국임시정부 등 3곳을 하나로 통합하여 1919년 9월 '통합임시정부'를 만드는 데 큰 기여를 하였다.

임시정부 내에서 지사들간에 독립운동의 노선 차이로 내분이 발생하여 조직이 분산되었지만, 도산은 좌절하지 않고 1930년 1월 한국 첫 정당 조직체인 '한국독립당'을 결성하였다.

도산은 1932년 4월 29일 윤봉길 의사의 상해 홍구공원 폭탄투척 의거가 일어나자 그 배후로 지목되어 체포되었으며, 1932년 6월부터 대전교도소에서 2년 6개월 간의 옥고를 치루고 1935년 2월 병보석으로 가출옥하게 된다. 출옥 후 도산은 일본 경찰의 감시를 받으면서도 전국을 다니며 순회강연을 하였으며, 평양 근처의 송태산장에 기거하면서 민족운동을 배후에서 지도하였다.

흥사단 조직인 '수양동우회'가 활동을 전개하자, 일제는 도산이 독립운동을 한다며 1937년 6월 회원들을 검거할 때 송태산장에서 함께 체포하여 서대문형무소에 수감하였다. 결국 도산이 고질병였던 위장병과 폐결핵 증세로 위급한 상황에 이르자 조선총독부는 서둘러 경성제국병원에 입원을 시켰으나, 1938년 3월 10일 60세로 조국의 독립을 보지 못하고 끝내 숨을 거두었다.

밤이 깊어 캄캄할수록 별빛이 더욱 빛나는 것처럼, 오늘 우리나라의 현실이 너무 흔들리고 어둠이 가득하기에 도산 안창호의 애국정신이 더욱 빛을 발하는 시기라고 생각을 한다.

죄지르 루카치가 쓴 『소설의 이론』에 이런 구절이 있다.

"별이 빛나는 창공을 보고 갈 수가 있고, 또 가야만 하는 길의 지도를 읽을 수가 있는 시대는 얼마나 행복했던가?"

지금의 불투명한 미래를 열어 갈 수 있는 출발점은 역사에 대한 바른 성찰省察에서 시작하는 것이라는 생각을 하며 남강 이승훈의 정신을 잇고 있는 오산학교로 향하였다.

오산학교

3 남강 이승훈의 신앙과 오산학교

서울 용산구 보광동 168 ☎ 02-7999-500
www.osan.hs.kr

†네 하나님 여호와께서 너를 네 열조가 얻은 땅으로 돌아오게 하사 너로 다시 그것을 얻게 하실 것이며 여호와께서 또 네게 선을 행하사 너로 네 열조보다 더 번성케 하실 것이며 네 하나님 여호와께서 네 마음과 네 자손의 마음에 할례를 베푸사 너로 마음을 다하며 성품을 다하여 네 하나님 여호와를 사랑하게 하사 너로 생명을 얻게 하실 것이며 네 하나님 여호와께서 네 대적과 너를 미워하고 핍박하던 자에게

오산학교 역사관

이 모든 저주로 임하게 하시리니 너는 돌아와 다시 여호와의 말씀을 순종하고 내가 오늘날 네게 명한 그 모든 명령을 행할 것이라(신명기 30:5-8)

통일이 속히 되어 평안북도 정주에 무너진 오산학교가 다시 재건되기를 간절히 바라는 마음을 간직하고서 오산학교를 찾았다.

오산고등학교는 필자의 모교는 아니지만 하나님의 은혜로 우리 민족에게 주신 진정한 명문학교라고 믿는 이유가 있는데, 오산학교 출신들이 설립자 남강의 정신을 본받아 우리 민족에 끼친 영향력이 지대하기 때문이다.

서울에 재건된 오산학교는 용산구 보광동의 전망이

좋은 곳에 위치해 있어, 앞으로는 한강이 흐르고 뒤에는 남산이 환하게 보이는 축복받은 땅에 지어져 있다. 오산학교의 정문을 들어서면 왼편에 위치해 있는 개교 100주년기념비와 남강의 흉상이 오랜 전통의 학교임을 보여 주고 있다.

평소 가깝게 지내는 김용관 교목이 100주년기념관에서 남강의 유품과 각종 자료들을 자세히 설명해 주셨다.

학교 정원으로 나오면 곳곳에 민족의 지도자 조만식 선생, 천재시인 김소월의 시비와 화가 이중섭 기념비 등이 세워져 있다.

오산학교를 특별히 한국교회 유적에 넣는 이유는, 학교와 동문회에서 남강 이승훈 선생의 신앙과 민족사랑의 정신을 되살리려는 노력을 계속하고 있기 때문이다. 오산학교 출신이 아니면 오산고의 역사에 별로 관심을 갖지 않는데, 우리는 오산학교의 구석구석에 스며 있는 남강 정신을 되새길 필요가 있다고 생각을 한다. 남강은 이 시대에 우리가 진정으로 구현해야 하는 스승의 향기가 무엇인지를 생각하게 하는 분이기 때문이다.

남강 이승훈의 생애

남강南岡 이승훈(李昇薰, 1864~1930)은 1864년 3월 25일 평북 정주에서 태어나, 어려운 환경에서 자랐으나 44세에 이르러서는 엄청나게 돈을 많이 벌었다. 그러나 44세 때 청일전쟁과 일본인의 침탈로 사업이 망하고 우연히 도산 안창호의 불을 토하는 듯한 연설을 듣는 순간 크게 결심한 바가 있어, 평안북도 관찰사였던 박승봉의 협조를 받아 1907년 12월 24일에 평북 정주군 갈산면 익성동에서 7명의 학생으로 오산학교를 시작하였다.

오산학교를 설립한 남강은 '105인 사건' 과 '3·1 독립운동' 에 참여하는 바람에 세 번에 걸쳐 9년 간의 옥살이를 겪는 등 수많은 어려움에도 불구하고, 조만식(曺晩植, 1883~1950)과 함께 오산학교를 민족의 지도자를 기르는 학교로 발전을 시켰다.

오산학교는 늘 일본인들의 감시를 받으며 교육을 하였으며, 1919년에는 강제 폐교

남강 이승훈 선생의 흉상

를 당하는 등 어려움 속에서도 끈질긴 생명력으로 부활의 행진을 계속하였다. 학교 설립 초창기에는 춘원春園 이광수(李光洙, 1892~1950)가 교사로 근무하면서 행정의 틀을 잡았고, 민족 사학자 신채호(申采浩, 1880~1936), 〈표본실의 청개구리〉의 작가 염상섭(廉想涉, 1897~1963)도 교사로 근무하였다.

남강은 47세 때 평양에서 한석진 목사의 설교를 듣고 예수를 믿게 되었으며, 학교 옆에 교회를 짓고 기독교 정신을 바탕으로 하는 민족교육을 하였다. 남강은 1915년에 세례를 받았으며, 평양신학교에 입학을 하여 54세에 당시 극소수에 불과한 장로가 되었다.

그리고 1919년 3·1 운동 당시에는 민족대표 33인에 참여하여 기독교인 대표로 '독립선언문'에 서명을 하였는데, 이로 인하여 3년 간 옥고를 치르기도 하였다. 61세 때는 민족 신문인 동아일보 4대 사장을 맡아 친일파들에 맞서 민족 언론의 발전에도 기여하였다.

남강은 평소 건강한 몸이었지만 옥고를 많이 겪다 보니 67세에 기력이 다 쇠하여 1930년 5월 9일 협심증으로 위대한 생애를 마치고 말았다.

오산과 겨레를 사랑했던 남강은 "내가 죽은 뒤 유해는 땅에 묻지 말고 학생들이 배울 수 있는 생물학 표본으로 만들어 학교에 두라!"는 유언을 남기셨다. 그의 유해는

오산학교 출신의 천재화가 이중섭 기념비

서울로 운구되어 경성대학병원에서 표본으로 제작되던 도중, 일본인의 방해로 다시 고향에 옮겨져 안장되었다.

남강만한 겨레의 스승을 찾기도 힘들 것이다.

기라성綺羅星 같은 오산학교 출신들은 누구인가?

오산학교의 졸업생들 중 유명한 분들이 너무나도 많은데, 신앙과 과학과 산업을 중시하던 남강의 교육방침과 우수한 교사진 및 우수한 학생들이 이루어 낸 합작품으로 우리 한국교회의 자랑거리이다. 대표적인 몇 분들을 살펴보자.

우선 한국교회의 위대한 순교자 주기철 목사(7회)는 신사참배를 끝까지 거부하고 1938년 순교를 당했으며, 그 외에 영락교회를 세우고 숭실대학교를 재건한 한경직 목사, 무교회주의자였던 함석헌(咸錫憲, 1901~1989)도 오산학교 졸업생이다.

천재 시인 김소월(12회)과 그의 스승 김억 선생(4회), 초창기 근대 의학계의 태두이신 백병원 설립자 백인제(6회), 독립운동가 김홍일 장군(9회)과 화려한 자질을 발휘하고 요절夭折한 이중섭(李仲燮, 1916~1956) 화백 또한 빼놓을 수가 없다.

이중섭 화백은 1920년 미국과 유럽에서 미술을 배워 서양 근대미술을 한국에 소개한 임용련의 오산고 제자인데, 김억과 김소월, 임용련과 이중섭의 예는 바로 위대한 스승에게서 위대한 제자가 나온다는 것을 보여 주고 있다.

그러나 모든 사람이 만나야 하는 스승은 단 한 사람, 바로 예수님이다. 예수님의 위대한 능력과 연결되는 사람은 탁월한 생애를 살게 되어 있다. 그러므로 예수님을 소개하는 교사와 학교가 많이 있어야 우리 민족이 다시 부흥하게 되는 것을 오산고 역사가 이야기해 주고 있다.

오산고의 본관은 평북 정주에 있던 오산고의 모습인 묏산자山로 설계한 건물이다. 통일시대의 오산五山을 꿈꾸어 본다.

兄弟들이여! 統一의 날이 다가오고 있다. 統一로 가는 하루하루, 한 걸음 한 걸음 때때로 먹구름이 지날 때면 어두워지기도 하고 비바람이 거셀 때면 발걸음 더디어지지만 兄弟여! 저 산 너머엔 분명 統一, 統一이 기다리고 있다.

兄弟들이여!

일어나자, 일어나서 어서가 가자 통일로 가자. 가서, 만나서 얼싸안고 춤을 추자 꾸나!

다음은 일제시대 시골 구석에서 무궁화꽃을 심어 가며 독립운동을 하시던 남궁억 선생의 한서교회를 찾고자 홍천으로 향하였다.

한서기념관

4 무궁화꽃으로 피어나는 남궁억의 한서교회

강원도 홍천군 서면 모곡 2리 ☎ 033-434-1069

† 이에 제자들에게 이르시되 추수할 것은 많되 일꾼은 적으니 그러므로 추수하는 주인에게 청하여 추수할 일꾼들을 보내어 주소서 하라 하시니라 (마태복음 9:37-38)

우리가 자랄 때는 마땅한 놀이 기구가 없어 자치기, 딱지치기, 술래잡기나 '무궁화꽃이 피었습니다' 등의 놀이를 하고 자랐는데, 요즘의 어린이들이 보면 구석기 시대의 놀이에 해당하는 것들이라는 생각을 한다.

당시에는 이들 놀이 중에 민족의 혼을 깨우는 정신을 기르기 위한 아이디어가 숨어 있다는 것을 모르고 있었다.

일제의 36년 간의 압제를 떨치고 우리 민족이 독립을 할 수 있었던 것은, 하나님의 은혜이며 위대한 민족의 지도자들이 많았기 때문이라고 생각을 한다. 일제시대에 위대한 선각자인 한서翰西 남궁억(南宮檍, 1863~1939)의 유적지를 찾아 그분의 위대한 신앙과 민족사랑의 정신을 오늘에 되돌아보고자 한다.

남궁억 선생의 한서교회는 홍천에 있다고 하나 쉽게 가는 길은 경춘도로를 이용하여 가평 가기 전에 신청평대교를 건너 설악면 방향으로 가면 된다. 유명산으로 등산을 가는 분들이 많이 이용하는 도로이다. 홍천洪川 방향으로 가다가 굽이굽이 비탈길 널미재를 오르내리면 왼편에 한서교회가 나온다.

한서교회의 원래 명칭은 모곡牟谷교회였는데 언제 한서교회로 바뀌었는지 구체적으로 알 수는 없다고 한다. 이곳까지의 길은 한강을 끼고 돌아 도로와 주변의 산세가 아주 아름다우며 가로수로는 무궁화가 심어져 있는 것을 보게 된다.

아름다운 경치로 좋아진 기분에 남궁억 선생이 가사를 지으신 찬송가 371장을 힘차게 불러 보았다.

"삼천리반도 금수강산 하나님 주신 동산 삼천리반도 금수강산 하나님 주신 동산 이 동산에 할 일 많아 사방에 일꾼을 부르네 곧 이날에 일 가려고 누구가 대답을 할까 일하러 가세 일하러 가 삼천리 강산 위해 하나님 명령 받았으니 반도 강산에 일하러 가세"

한서 선생이 1922년 저녁 기도 중 마태복음 9장 37-38절에서 영감을 받아 지으신 가사이다.

무궁화 동산에 세워진 기념비

홍천군에서 한서교회와 기념관을 잘 정비하였다

한서교회에 도착하니, 이미 전화를 받으신 현재호 목사 부부께서 반갑게 맞아 주시고 교회와 기념관의 안내를 자세하게 해 주셨다. 현 목사와 각별한 인연을 유지하고 있는 것은, 그분이 한서교회에서 남궁억 선생의 뜻을 후세에 전하려는 확실한 목표를 갖고 목회를 하시는 분이기 때문이다.

한서교회는 남궁억 선생이 1918년 56세에 선영先塋인 모곡리(보리울)로 낙향하셔서 1919년 9월에 예배당을 지으신 모곡감리교회로부터 시작되었는데, 현재의 건물은 홍천군과 한서기념사업회에서 현대식으로 열린 공간의 예배실과 기념관을 새로 지은 것이다.

이곳은 한서 선생이 일제에 맞서 무궁화 묘목 30만 그루를 심어 전국에 퍼뜨린 장소이기에 각별한 의미가 있는 곳이다. 우리나라의 곳곳에서 무궁화를 볼 수가 있는 이유를 이곳에서 알 수가 있다. 현 목사는 한서교회에서 무궁화 동산을 다시 조성하고, 왜 무궁화가 오랜 세월 우리의 꽃이며 또 얼마나 아름다운 꽃인지를 알리는 일을 하고 있었다.

한서초등학교의 입구에는 무궁화가 가득하다.

남궁억 선생이 새벽마다 유리봉에서 무슨 기도를 하셨을까?

현재호 목사의 안내를 받아 한서교회를 뒤로하고 마을 쪽으로 가는길 곳곳에 무궁화가 심겨져 있었다. 한서초등학교의 정문을 끼고 왼쪽으로 돌면 한서 선생의 무덤이 나온다.

한서 선생은 1933년 11월 무궁화 배포사건(일명 십자가당사건)으로 서울로 이송되었고, 복역 중이던 1935년 병보석으로 석방되셨다. 그리고 모곡리에서 1939년 4월 5일 77세에 "나의 무덤을 만들지 말고 과수나무 아래 묻어 퇴비가 되게 하라!"라는 유언을 남기고 돌아가셨다.

한서 선생은 56세 때 모곡리에 오셔서 77세 돌아가실 때까지, 새벽마다 유리봉에 오르셔서 조국의 독립을 위해 기도하시면서 일본이 곧 망할 것이라고 예언을 하셨다.

일제 말기 많은 지도자들이 한국은 강한 일본에게서 독립하기가 어렵다고 보고 일제에 협력을 하였지만, 남궁억 선생은 우리나라가 독립되어 잘사는 나라가 될 것을 꿈꾸며 기도하신 것이었다.

유리봉 꼭대기에 오르면 바위 위에 한서 선생이 무릎을 꿇고 기도하는 모습의 동상이 세워져 있는데, '기도하는 개인과 단체와 국가는 반드시 망하지 않는다' 라는 것을 오늘에 보여 주고 있는 것이다.

유리봉에서 내려다보니 200여 가구가 모여 사는 모곡리가 한눈에 들어오고, 왼편에는 홍천강이 산밑을 휘감아 흘러내려 참으로 아름다운 마을이라는 생각이 절로 든다.

한서 선생은 평소에 지도자 몇 사람의 힘으로 독립이 되는 것이 아니다. 산골의 사람들까지도 신교육을 받아 민족의 의식수준이 올라가야 한다고 믿으시고 한서교회와 모곡학교를 세워 인재를 양성하는 데 힘쓰신 것이다.

한서 남궁억 선생의 일생

오직 조국의 독립을 위하여 사셨다 해도 과언이 아닌 한서 선생은 '나는 독립을 준비하니 너희는 독립 후를 준비하라'는 말씀을 늘 하셨다.

한서 선생은 1863년에 서울의 정동 배재학교 자리인 왜송골에서 태어나시어 재동에 있던 조선 최초의 외국인 학교에서 공부를 하였으며, 24세 때는 고종의 영어 통역관이 되어 유럽과 미국 등 6개국을 방문하기도 하였다. 지금 생각해도 대단한 외국어 영재이며 글로벌 의식을 가진 분이었음을 알게 된다.

한때 양양군수郡守를 지냈으며 1896년 34세 때는 「독립신문」을 창간하여 영어판의 편집을 맡았고, 1898년에는 「황성신문皇城新聞」을 창간하여 민족의 정신을 깨우치려 애쓰셨으며 이때에는 기사 관계로 옥살이를 하기도 하셨다.

한서 선생은 1910년 8월 29일 한일합방 후에 종교교회에서 세례를 받고 크리스천이 되었으며, 배화학당에서 8년 간 교사로 근무를 하였다.

우리가 배워야 할 한서 선생의 강인한 성격

한서 선생이 남긴 유명한 일화가 하나 있는데, 연희전문학교 졸업식에 축사를 해 달라는 요청을 받고 눈이 내린 추운 겨울에 300리 길을 걸어서 참석하였던 이야기이다.

70세가 가까운 나이에 한서 선생은 보내 준 자동차를 마다하고 '이 다음에 우리의 손으로 자동차를 만들 때나 타자'며 눈길을 걸어 졸업식 단상에 오르셨다. 단상에 오른 초췌한 모습의 한서 선생을 본 식장 안의 많은 사람들은 그분의 강인함에 감복을 하였고, 당시 식장에서 들려준 한서 선생의 말씀은 너무도 유명하다.

"내가 오늘 널미재를 넘어 학교까지 눈길을 걸어오는 동안 앞서간 사람의 발자국을 따라왔고 발자국이 없을 때는 내가 스스로 길을 뚫어 여기까지 왔듯이, 여러분처럼 교육을 많이 받은 사람은 교육을 받지 못한 농촌으로 달려가 그들의 길이 되어야 합니다"라고 말씀하셨다.

한서 선생은 일제의 갖가지 핍박과 고문 등에도 신앙의 절개와 나라 사랑의 지조를 굽히지 않으셨다. 우리에게는 일제의 압제는 없어졌지만 돈, 명예 그리고 쾌락과 권력 등 눈에 안 보이는 대적들이 신앙의 순수성을 파괴하려고 덤비고 있는 것이다.

2008년의 뜨거운 여름, 광화문 네거리에서 펼쳐지는 미국 쇠고기 수입대책회의 측과 공권력과의 숨막히는 갈등을 남궁억 선생의 눈으로 보신다면 무엇이라고 하실 것인가? 같은 시간에 북한의 영변 원자력발전소의 냉각탑이 공개적으로 파괴되는 모습을 우리는 보고 있다.

개인과 정부와 시민단체 그리고 국가의 주인이 하나님이시라는 것을 알고, 모두들 교만의 바벨탑을 헐고 자신을 내려놓은 일을 해야 하는 것이 아닌가? 주님의 재림이 아주 가깝다는 긴장감이 우리 모두에게 필요한 것이다.

다음은 유관순 열사의 신앙이 자란 천안의 매봉교회를 찾고자 한다.

매봉교회와 유관순 열사 생가

5 유관순柳寬順의 신앙과 열정의 매봉교회

충남 천안시 병천면 용두리 ☎ 041-564-1813

† 여호와는 나의 반석이시요 나의 요새시요 나를 건지시는 자시요 나의 하나님이시요 나의 피할 바위시요 나의 방패시요 나의 구원의 뿔이시요 나의 산성이시로다 내가 찬송 받으실 여호와께 아뢰리니 내 원수들에게서 구원을 얻으리로다 (시편 18:2-3)

오늘은 해방 62주년을 맞는 2007년 8월 14일 광복절

유관순 열사의 시신 없는 묘지

을 하루 앞둔 날로, 오랜만에 아내와 함께 비를 맞으며 천안을 거쳐서 병천을 찾았다.

바로 일제의 압제를 벗어난 날 독립을 위하여 생명까지 바친 유관순 열사의 열정 熱情을 기리기 위하여 먼 길을 달려온 것이다.

'열정' Enthusiasm은 우리의 정신이 즐거움과 행복 그리고 영감으로 충만한 상태를 말하는 것이며, 어떤 일에 열정을 가질 때 우리는 그 일에 온 마음과 힘을 쏟게 되는 것이다. 열정을 가진 사람은 긍정적인 사람이며, 유관순 열사야말로 나라 사랑과 하나님 사랑의 열정으로 가득 찼던 사람이라고 생각을 한다.

경부고속도로의 목천 IC를 나오면 바로 독립기념관으로 가는 길이 나오는데, 중간에 우회전하여 병천을 지나면 곧바로 매봉산 밑에 유관순 열사의 사당祠堂과 기념관이 나타나고 약간 위로 오르면 그분의 초혼묘招魂墓가 보인다.

이곳 시설물들의 명칭을 보니 유관순 열사의 애국애족의 정신을 후손에게 기리기 위하여 정책적으로 많은 투자를 하면서 유교적인 의식을 가진 분들이 주도적으로 일을 하신 것 같았다.

사실 유관순 열사는 기독교 집안에서 믿음으로 성장을 하였고, 신앙교육을 철저히 받은 분이기에 유관순기념사업회의 운영도 기독교 가치관에 맞도록 운영하기를 바라는 마음이다.

유 열사가 목숨을 바치기까지 독립운동을 하신 힘은, 매일 매일 나라와 민족을 위하여 끊임없이 기도를 하여 성령으로 충만한 삶을 사신 것에서 나온 것이라고 믿고 있다. 세상에 자신의 죽음을 두려워하지 않을 사람이 어디 있겠는가?

신앙의 관점에서 유관순 열사의 생애를 바라볼 필요가 있다고 생각을 하며, 비가 몹시 내리는 가운데 매봉산의 왼쪽으로 돌아 유관순 열사의 생가와 곁에 있는 아름다운 매봉교회를 먼저 찾았다.

유관순 열사의 성장과정을 돌아보며

유관순 열사는 이곳 생가에서 1904년에 출생을 하였는데, 부친 유중권은 선비출신으로 일찍 개화사상을 받아들였으며 친척인 유빈기의 전도를 받아 예수님을 믿고 유빈기와 함께 매봉교회를 세운 분이다.

부친 덕분에 유관순 열사와 오빠를 비롯하여 모든 친척들이 교회를 통하여 은혜를 받고 신학문을 공부하여 독립운동가나 정치가로 나서게 된 것이었다.

유 열사는 공주의 영명여학교를 다니다가 1916년에 샤프 선교사의 추천과 이화학당의 프라이 L.E. Frey 선교사의 도움으로 13세에 보통과 3학년으로 편입하게 되었다. 역시 주머니 속의 칼은 숨길 수가 없다는 말처럼 탁월한 유관순은 선교사들의 눈에 띄어 서울 유학의 길이 열리게 된 것이다.

유관순은 영명여학교에서 이화학당에 와서도 다른 학생들이 잠잘 때 기도실에 가서 혼자 기도를 열심히 하였으며 또한 부지런히 일을 하였다고 한다. 잘 정돈된 유관순 열사의 생가를 돌아보고 이어서 매봉교회의 지하에 설치된 기념관에 들렀다.

교회 내의 기념관에는 예상 외로 유관순 열사의 유품이 많지 않았는데, 유 열사가 17세에 순국했기 때문에 특별한 유품이 남아 있지 않아 사진 2매와 시골교회의 교회학교에서 학생들을 가르치던 강대상 등만을 볼 수가 있었다.

한 장의 사진은 이화학당에서 친구들과 찍은 사진이고, 다른 한 장은 서대문형무소에서 죄수복을 입고 찍은 사진으로 고문을 당하여 퉁퉁 부은 얼굴에 표정이 매우

매봉산 정상이 유관순 열사가 봉화 불을 올린 곳이다.

서글퍼 보였다. 나라를 잃고 감옥에 갇혀 온갖 모욕을 당하는 심정이야 무슨 말로 표현을 할 수 있었겠는가?

이스라엘이라는 나라가 2,000여 년 간 나라를 잃고 세계를 떠돌다가 1948년에 독립하게 된 것은, 이스라엘 민족이 어디를 가든지 성경을 읽는 등 신앙교육을 통하여 자신들은 하나님의 택한 민족으로 언젠가는 국가가 회복될 것을 믿는 희망을 가졌기 때문이었다. 사람이나 국가나 예수님을 주인으로 믿지 않으면 자신이 가는 길을 알지 못하고 방황하게 되어 있는 것이다.

요한복음 8장 12절에 **"예수께서 또 일러 가라사대 나는 세상의 빛이니 나를 따르는 자는 어두움에 다니지 아니하고 생명의 빛을 얻으리라"**라고 기록되어 있는데, 바로 예수님을 믿지 않는 개인과 국가는 어둠에서 방황하게 되는 것이다.

아우내 장터의 만세운동은 어떻게 일어났는가?

1919년 유관순 열사가 이화학당 고등과 2학년 재학 중에 서울에서 3 · 1 운동이 일어나 학교가 휴교되자, 이곳 고향인 병천에 내려와 4월 1일 병천만세운동을 주동하면서 바로 전날에 봉화烽火를 올렸던 곳이 이 매봉산 정상이다.

또한 유관순 열사는 만세운동을 하기 위하여 이 산에서 3일 간 철야기도를 했는데, 이때 성령세례를 받아 산을 내려올 때에는 얼굴에서 빛이 났다고 전해지고 있다.

17세의 어린 나이의 유관순은 1919년 4월 1일 아우내 장날에 병천만세운동을 주동하다 일본 경찰에 잡혀서 공주형무소를 거쳐 서대문형무소에 갇히게 되었으며, 유 열사의 부모는 시위현장에서 희생되고 오빠 유우석도 체포가 되었다.

유관순은 법원에서 3년형을 언도받고 감옥생활을 하던 중, 1920년 3월 1일 3·1 만세운동 1주년을 맞아 밤마다 만세운동을 주도하였다 하여 고문으로 방광이 터지는 등 고생을 하다가 그 해 10월 12일에 옥사獄死를 하였다. 한국의 잔다르크라고 불리는 유관순은 17세의 어린 나이로 순국을 하였고, 이틀 후에 이화학당의 프라이 선교사가 시체를 모셔다가 학교에서 몇 명의 교사와 유 열사의 친구들이 모여 정동교회에서 장례식을 치르고 이태원 공동묘지에 묻어 주었다. 그 후에 유관순 열사의 묘소는 훼손이 되어 아무도 그 흔적을 지금까지 찾지 못하고 있다.

서대문독립공원 안의 유관순 열사가 갇혀 있던 작은 독방의 너무나 좁은 공간과 고문기구들을 보면서 어찌 가슴이 조여 오는 답답함을 느끼지 않겠는가?

유관순 열사의 신앙을 돌아보며

유관순이 이화학당에서 강하고 담대한 믿음을 가지게 된 데에는 두 선생의 공이 컸다고 하는데, 한 분은 정동교회의 송정도 목사요, 다른 한 분은 그녀를 직접 가르치던 박인덕 선생이었다. 이분들은 이화학당의 학생들에게 철저하게 성경공부를 시켰으며, 이틀에 한 번씩 정동교회에 모여 예배를 드리고 애국정신을 길러 주었다.

정동교회의 기록에는 3·1 만세운동 당시 유관순은 교회의 벧엘예배당에서 하나님께 자주 기도하였다고 한다. 그리고 박인덕 선생은 3·1 운동에 참여했다가 유 열사와 같이 감옥에 갇혔는데, 서대문형무소 안에서의 유관순 열사의 행적을 해방 후에 세상에 알려 유관순 열사의 추모운동이 시작되게 한 분이다.

매봉교회는 그 동안 막대한 예산을 들여 아름다운 성전을 1988년 말에 완성했고,

유관순 열사 기념비

유관순 열사를 추모하는 기념비도 세워 그분의 애국정신과 신앙 유산을 후손에게 전수하는 운동을 계속하고 있다. 또한 일본의 고등학교 중에는 한국에 수학여행을 오면 일제시대 조상들이 만행을 자행했던 제암리교회와 서대문독립공원 그리고 매봉교회에 들러 회개도 하고 감상문도 써서 새로운 세대의 한일관계를 모색하고 있다고 한다.

오늘은 비가 오는 날인데도 부모들이 방학을 이용하여 자녀들과 이곳에 들러 역사의 교훈을 배우는 모습을 쉽게 볼 수가 있었다. 매봉교회에서 뒷길로 하여 가파른 매봉산 정상에 오르니 '아우내' 라고 부르던 병천 일대가 환하게 한눈에 들어온다. '아우내' 는 예부터 천안, 전의, 조치원, 진천 등지와는 40여 리 떨어진 곳으로 기차가 개통되기 전 내륙의 교통 중심지였던 곳이다. 특히 이 고장은 사람들이 고집이 세지만 강직하고 순박하여 충절忠節의 고장이라고 부른다. 병천 일대에서는 위대한 애국지사들이 많이 나왔는데, 상해 임시정부의 국무총리를 지낸 이동녕(李東寧, 1869~1940), 광복단을 조직한 유창순(庾昌淳, 1876~1927), 정치인 조병옥(趙炳玉, 1894~1960), 대한민국 초대 국무총리 이범석(李範奭, 1900~1972), 그리고 유관순 열사 등을 손꼽을 수 있다.

역사에서 배우지 못하는 민족은 또다시 불행을 반복한다는 이치를 생각하며 매봉산에서 병천으로 내려와 유명한 옛날 순대국밥으로 비에 젖은 몸을 녹였다. 이곳 병천의 순대국과 천안 호두과자는 맛이 담백하고 가격이 싸서 전국의 여행객들이 꼭 들러 먹고 가는 곳이다.

다음은 전라도 지방에서 먼저 만세운동을 일으켰던 군산의 구암교회를 찾고자 한다.

군산 구암교회

6 군산 3·5 만세운동의 진원지, 군산 구암교회

전북 군산시 구암동 334 ☎ 063-442-3565

†주 여호와의 신이 내게 임하셨으니 이는 여호와께서 내게 기름을 부으사 가난한 자에게 아름다운 소식을 전하게 하려 하심이라 나를 보내사 마음이 상한 자를 고치며 포로된 자에게 자유를, 갇힌 자에게 놓임을 전파하며 여호와의 은혜의 해와 우리 하나님의 신원의 날을 전파하여 모든 슬픈 자를 위로하되(이사야 61:1-2)

오늘은 전북 지방의 교회유적을 찾으려고 먼저 궁멀이라고 불리던 군산群山을 향하였는데, 군산은 옛날에는 금강 하구의 교통의 요지로 중국과 일본과는 일찍 교류가 있던 항구도시였다. 군산이 항구였기에 호남지방에 복음이 들어오는 길목이 되기도 하였다.

호남 선교는 어떻게 시작되었을까?

호남 최초의 교회는 구암교회로, 군산항이 내려다보이는 높은 곳에 위치하고 있다.

마침 구암교회를 찾은 날 교회역사 보존에 힘을 기울이는 이성수 장로를 만나서 자세한 호남선교 역사에 관하여 들을 수가 있었다.

호남 선교의 시작은 1892년 11월 3일로 보며 이는 1899년 5월 1일의 군산항 개항보다 7년이나 앞선 것이다. 미국 남장로교회의 전위렴 W.M. Junkin 선교사를 비롯하여 데이비스, 레이놀즈, 메티데이트, 데이비드, 레이번, 볼링 7명이 1892년 제물포에 입국을 하여 1893년 1월 27일 선교사공의회를 조직하고 호남지방을 선교대상 지역으로 배당받아 사역을 시작하였다.

선교사공의회에 소속된 유일한 한국인 장인택 조사(현재 전도사)와 전위렴 선교사에 의하여 군산구암교회가 설립되었다.

1899년부터 약 3만 평의 대지에 '궁멀선교스테이션'이 마련되어 구암교회를 비롯하여 영명학교, 멜보딘여학교 그리고 예수병원과 선교사 사택 등이 복합적으로 세워졌다. 옛 궁멀선교스테이션은 지금 아파트와 한국전력이 들어서 축소가 되었으며, 구암교회의 건물은 옛 교회의 벽돌을 재활용하여 지은 건물이다.

근래 역사에 관심이 많은 구암교회의 이성수 장로를 비롯한 많은 이들이 궁멀선교스테이션을 회복하려고 전체적인 조감도를 그려 놓고 하나씩 복원작업을 하고 있었다. 그 일부를 보면 약 500평을 구입하여 '호남선교기념예배당'을 짓기 시작하였고, 곧 최초의 구암교회 'ㄱ'자 예배당을 복원할 예정이라고 한다.

2000년 4월 8일에는 구암동산에 '호남선교 100주년 기념비'와 '군산 3·1 운동

군산 3·1 독립운동기념비

기념비'를 세워서 자라나는 십대들에게 호남 선교의 역사와 3·1 독립운동의 현장을 체험하도록 하고 있어 참으로 바람직한 교회라는 생각이 든다.

군산 3·1 독립운동에 참여한 구암교회

구암교회는 한강 이남에서 제일 먼저 1919년에 만세 운동을 일으킨 역사를 가지고 있는데, 교회 성도들이 주도한 '군산구암 3·5 만세의거'는 서울과 동시에 준비되어 호남지방에서는 맨 처음 봉기하여 전지역에 파급시켰다.

군산 구암교회 성도들을 주축으로 거사가 계획되고 군산시민이 합세하여 일으킨 '군산기미 3·1 독립운동'은, 당시 영명학교 출신으로 서울세브란스의학 전문학교를 다니던 김병수가 주도하였다. 그는 민족대표 33인 중 이갑성으로부터 독립선언문 200장을 받아 1919년 2월 26일 군산에 내려와 은사인 박연세 교사 집에서 독립운동을 모의하며 시작되었다.

당시의 구암교회 교인들과 영명학교 교사, 학생들이 주로 동원되었다. 멜보딘여학교 기숙사에서 독립선언문 3,500장과 태극기를 만들어 3월 6일 열리는 서래 장날을 기하여 일제히 시위를 할 계획을 세웠다. 그러나 3월 5일 새벽을 기하여 군산경찰서

경찰이 완전무장을 하고 주동자인 박연세, 이두열, 김수영 등을 체포함으로써 거사 계획이 좌절되게 되었으나, 은밀히 활동하던 일부 교사와 학생 간부들이 긴급회의를 열어 3월 5일에 거사를 하기로 결정을 하였다.

영명학교 학생들이 앞장을 서고 멜보딘여학교의 교사와 학생들이 합세를 해 군산 구암교회 성도와 예수병원 직원, 일부 군산시민들이 모이니 500여 명이 되었다.

이들이 군산경찰서 앞에 이르러 그 수가 1,000여 명으로 늘어나면서 투옥된 교인들의 석방과 독립만세를 외치며 만세운동을 일으켰는데, 이 만세운동은 그 후 전주와 익산 등 호남 여러 지역의 만세운동이 일어나는 데 결정적인 역할을 하였다.

숨겨진 역사, 박연세 교사教師의 발자취를 생각하며

군산기미 3·1 독립운동을 김병수와 같이 일으켰던 박연세(朴淵世, 1882~1944)는 거사가 발각되어 2년 6개월 간 대구형무소에서 복역을 마치고 1922년 평양신학교에 입학, 42세에 졸업을 했다.

그 후 1926년부터 목포 유일의 교회인 양동교회에 부임하여 많은 교회를 개척하였는데, 1938년 5월에 일본경찰의 강압을 못 이기고 신사참배 결의에 참여하였다가 많은 번민 끝에 1942년 8월 30일 주일 아침예배 설교를 통하여 일왕에게 도전하는 설교를 하였다.

박연세 목사가 설교 중에 일왕日王이 예수 그리스도의 발 밑에 있다고 설교를 하자 같은 교회의 장로와 집사들이 경찰에 고발, 다시 대구형무소에 투옥되었는데, 유난히 추운 겨울날 독방에서 얼어 죽었으니 1944년 2월 15일 62세의 나이였다. 박 목사는 홀로 눈을 감고 기도하던 모습으로 돌아가셨는데, 눈썹에는 서리가 하얗게 내려 얼마나 추위에 떨다가 돌아가셨는지를 알 수가 있는 것이었다.

박연세 목사 같은 훌륭한 선조들이 역사에 가려져 있기에, 이런 분들의 업적을 재발굴하여 알리는 것도 답사기를 쓰는 필자의 사명이라는 생각을 한다.

다음은 군산에서 가까운 익산시의 남전교회를 답사코자 한다.

익산 남전교회

7 4·4 만세항쟁과 남전교회

전북 익산시 오산면 남전리 618-1
☎ 063-841-3195

†주 만군의 여호와께서 가라사대 시온에 거한 나의 백성들아 앗수르 사람이 애굽을 본받아 막대기로 너를 때리며 몽둥이를 들어 너를 칠찌라도 그를 두려워 말라 내가 불구不久에 네게는 분을 그치고 노를 옮겨 그들을 멸하리라 하시도다(이사야 10:24-25)

독일이 통일이 된 후에 베를린 장벽이 무너진 자리에

박물관을 지었다고 하는데, 세계인들이 이곳에 들러 놀라는 것은 나치 정부가 저지른 만행의 역사를 전시하고 있기 때문이라고 한다.

자신의 부끄러운 역사를 굳이 드러내지 않아도 되지만 기꺼이 자신들의 치부恥部를 공개하는 독일인들의 진실을 향한 용기가 세계인들의 존경을 얻는 것이다.

진실을 향한 용기의 중요성

독일과 일본은 제2차 세계대전의 같은 전범戰犯 국가였지만, 일본은 독일과 달리 억지 논리와 역사 왜곡으로 우리 민족의 자존심에 커다란 상처를 주고 있는데, 이와 같은 독일인과 일본인들의 역사의식 차이는 왜 나는 것일까?

인간은 하나님 앞에서 실존을 인정하고 하나님의 거룩하심 앞에 숨길 수 없는 자신을 발견하면 죄를 고백하는 용기가 생기는 것이다.

일본이 미국 다음의 경제대국이면서도 세계 역사의 중심축 역할을 하지 못하는 이유는 바로 자기 합리화에 강하기 때문이라고 생각을 한다.

우리 민족도 세계화의 시대에 세계의 중심에 서려면 좀더 진실을 향한 용기를 가져야 지도적인 위치와 능력을 갖게 될 것이다. 현재 세계인들이 가장 신뢰하는 리더는 반기문 UN 사무총장이라고 하니 참으로 한국이 자랑스러운 것이다.

오늘은 이런 바람을 지닌 채 일제 시대에 진실한 용기를 갖고 신앙생활을 한 우리 선조의 향기가 묻혀 있는 전북 익산에 있는 남전교회를 찾아가는 길이다.

전북 익산시는 복음화율이 가장 높은 도시라 그 동안 관심이 많았던 곳인데, 익산 기차역에서 내려 길을 건너 대야방면으로 가는 20번 시내버스를 탔다. 한참 만에 버스에서 내려 논길을 따라 10여 분 걸어가니 논 가운데 마을이 나타나고, 그 곳에서 새로 지은 하얀 남전교회 건물이 기다리고 있었다.

익산시 모교회인 남전교회는 어떻게 세워졌을까?

남전교회는 익산시 외곽에 있으며 1897년 10월 15일 군산 선교를 시작한 미국 남장로교회의 윌리엄 전킨(W.M. Junkin, 한국명 전위렴)이 남전리 주민인 이윤국의 집에서 예배를 드리며 시작한 교회이다. 1899년 5월에 군산항이 열리면서 전킨이 선교기지를 군산의 궁말(구암)로 옮기자 남전교회의 많은 성도들이 먼 거리까지 따라가기도 하였다.

남전교회는 1903년 남참리(현 오산면 남전리)의 김여원의 초가 5칸을 구입하면서 비로소 교회다운 면모를 갖추어 익산지역 최초의 교회가 되었다.

남전교회는 교회 개척 당시부터 지금까지 당회록을 보존하고 있는 한국교회 중에 몇 안 되는 교회이다. 교회 1층에는 오랜 역사를 보여 주는 교회 초기의 사진들이 잘 게시되어 있었다.

남전교회가 위치한 곳은 만경강을 따라 기름진 김제평야와 옥구, 익산평야가 펼쳐지는 호남 최대의 곡창지대이기에 일제의 농작물 수탈이 가장 극심하던 곳이었다.

1899년 군산항이 개항돼 일본인들이 들어오기 시작하였으며, 1910년 8월 29일 한일합방 후에는 토지를 수탈할 목적으로 동양척식주식회사를 세우기까지 하였다.

일본인들이 갖은 모략을 세워 농민들의 땅을 뺏는 바람에 농민들은 소작인小作人이 되거나 만주나 옌볜 등으로 이주하게 되었고, 그들은 호남평야에서 생산된 농작물들을 군산항을 통하여 얼마나 번질나게 일본으로 실어 날랐는지 모른다. 당시에 민초들의 원성怨聲은 그칠 날이 없었으며 반일감정은 1918년경 최고조에 달하였다.

이에 남전교회 성도들의 신앙생활은 더욱 견고해져 갔으며, 1919년에는 첫 한국인 최대진 목사가 3대 담임목사로 초빙이 되었다. 최대진 목사는 민족혼을 일으켜서 호남지방에 지대한 영향을 끼쳤으며, 군산 영명학교 교사를 지낸 문용기와 의기투합해 독립운동을 펼쳤다. 남전교회는 성도들이 주축이 되어 1919년 4월 4월에 솜리에서 만세 항쟁운동을 일으킨 역사를 간직하고 있다.

그러나 최 목사는 교회 성도들과 거사를 모의하고는 정작 거사 당일인 4월 4일에는 전주에서 열린 전북노회에 참석한 뒤 교회로 돌아오지 않아, 거사를 앞두고 성도들을 당황케 한 그 이유에 대해서는 아직까지도 밝혀지지 않고 있다.

솜리 4·4 만세항쟁의 역사를 알아보자!

1919년 3·1 만세운동이 전국에 파급되면서 3월 5일에는 군산에서, 3월 13에는 전주에서 시위가 있었는데, 4월 4일 솜리 장터에서 1만여 명이 참석한 '솜리 4·4 만세운동' 은 규모와 희생자 수로 볼 때 역사적인 가치가 재평가되어야 한다.

익산은 일제시대에 만들어진 도시로 이리라고도 불렀는데, 곳곳에 억새가 많이 자라서 억새풀이 하얗게 덮이면 목화솜이 펼쳐진 것 같다 하여 '솜리' 라고도 불렀다고 한다.

'솜리 4·4 만세운동' 이 일어난 배경을 살펴보면, 익산은 1912년 철도가 개통되면서 호남의 교통요지로서 곡창지대의 쌀을 보관하였다가 군산항을 통하여 일본으로 보내는 중심지역이라, 다른 지역보다 반일감정이 높았다. 당시의 쌀 보관창고 건물들이 지금도 남아 있는데, 4·4 만세운동의 진원지였던 오바시농장 건물과 일본 헌병이 기관총을 걸고 총을 쏘던 담벼락이 비극의 역사를 보여 주고 있다.

솜리 4·4 만세항쟁을 주도한 남전교회의 문용기는 군산의 '3·5 만세운동' 을 주도한 김병수, 박연세(영명학교 교사)와 협의하여 제자인 박영문에게 태극기와 독립선언서를 준비하게 하였다. 1919년 4월 4일 솜리의 장날에 동이 트자마자 하얀 한복을 입은 교인들이 남전교회로 속속 모여들어 150명 가량이 되었다고 한다. 각자 태극기와 독립선언서를 한 뭉치씩 받아 여자는 허리춤에, 남자는 바짓가랑이에 숨기고 정오에 솜리장터에서 독립선언선포식을 갖기로 하였다.

정오! 드디어 솜리시장의 네거리에 모인 1,000여 명의 시위대는 태극기를 흔들면서 '조선독립만세' 를 외치기 시작하였으며, 흰 두루마기를 입은 기골이 장대한 문용기(文鏞祺, 1878~1919)는 우렁찬 목소리로 조선독립선언서를 낭독하였다.

문용기가 선도하는 시위대는 삽시간에 1만여 명이 되었으며, 솜리 최대의 일본인

솜리장터에 세운 문용기 열사비

농장이며 2개 중대의 헌병이 주둔하고 있던 대교농장을 향하여 나아가게 된 것이다. 시위대가 대교농장에 접근을 하자 헌병대는 비무장으로 다가오는 시위대를 향하여 총격을 가하기 시작하였다.

처참하게 순국당한 문용기 열사의 이야기

헌병대가 총격을 시작하고 시위대가 무너지기 시작하면서 문용기는 더욱 앞장에 서서 시위대를 선도하기 시작하였다. 일본인 헌병들이 60cm 길이의 일본도刀로 문용기의 오른팔을 내리쳐 피가 솟구치기 시작하자 그는 다시 일어나 왼팔로 태극기를 흔들었고 일본 헌병은 그 왼팔마저 내리쳤다. 그가 비틀거리다 벌떡 일어나 두 눈을 부릅뜨고 독립만세를 외치자 헌병들이 총검으로 복부와 가슴을 찌르고 머리를 쳤다. 문용기는 마지막으로 "여러분! 여러분! 나는 이 붉은 피로 여러분이 신국민이 되게 하겠소!"라며 힘겨운 소리를 외치고는 고개를 떨구었다.

아! 아! 이 얼마나 장엄한 최후의 유언인가?

특히 그날 시위현장에서 문용기의 장렬하고도 처참한 순국 장면을 목격한 천주교 신자인 정형근은, 훗날 자신의 딸인 정귀례를 문용기의 아들인 문창원에게 시집을 보내 그분의 대를 잇게 하였다.

　문 열사가 입고 있던 피 묻은 옷은 아내인 최정자가 잘 말려 대들보에 보관하였다가 해방 후에 며느리에게 전하였고, 지금은 천안의 독립기념관에 전시되어 있다. 군데군데 칼에 찔려 찢겨진 그 모습은 그날의 처절했던 모습을 오늘에 전하여 주고 있다.

　'솜리 4·4 만세운동'의 날 모두 6명이 순국殉國하였는데, 그들은 문용기의 제자이며 16세였던 박영문과 남전교회 성도인 장경춘, 박도현, 서공유, 이충규 등이다. 그 외에도 수많은 사람들이 부상을 당하였고 체포된 사람만도 39명이나 되었다.

　문용기 열사의 시신은 대전 국립묘지로 안장되었으며, '익산 4·4 만세의거기념사업회'가 만들어져 그분의 순국정신을 기리기 위하여 오산면 사무소에 순국열사순국비를 세워 기념학술세미나를 개최하고 있다.

　문용기 열사의 3·1 순국 유적지를 찾아보자!

　익산시의 솜리장터 부근에 들러 '솜리 4·4 만세의거 유적지'(익산시 주현동 115)와 1907년 일본인 오바시가 세운 대교농장에 가 보니, 지금은 화교학교로 바뀌어 옛 모습을 그대로 간직하고 있었다. 일본인들은 호남평야의 쌀을 일본으로 운반하기 위해 군산항과 군산-전주간의 도로를 개설하였는데, 40여 개의 일본인 농장을 만들어서 우리 농민들을 수탈하였다.

　남전교회 교인들이 하얀 옷을 입고 만세운동을 일으켰던 솜리장터에는 1949년 순국열사비가 세워졌는데, 글씨는 당시 이승만 초대 대통령이 썼고 6·25 때 비석의 아랫부분이 손상을 입은 모습을 볼 수가 있었다.

21세기 새로운 리더십을 기다리며

　지금까지 일제시대 우리 민족의 자주 독립을 위하여 자신의 생애를 드린 크리스천 리더들의 삶을 살펴보았다. 하나님의 뜻에 맞는 대한민국의 21세기 리더십은 무엇일까?

　2008년 7월 18일은 넬슨 만델라(Nelson Rolihlahla Mandela, 1918~) 전 남아프리

카 대통령이 90세가 되는 날인데 생일을 기념하는 행사에서 그가 한 말이다.

"타인에 배한 배려를 인간적인 가치의 중심에 놔야 합니다! 21세기 초에도 세계에는 증오와 이견, 갈등, 폭력이 횡행하고 있습니다. 전세계에 분열과 증오를 야기하는 분쟁을 종식시키기 위하여 인류는 더욱 단결을 하여야 합니다!"

우리 청소년들은 만델라가 말하는 리더십에 주목을 할 필요가 있는데, 그의 리더십은 그리스도의 섬김의 리더십이 바탕이 되기 때문이다.

만델라는 '리더십의 핵심은 원칙을 지키는 것이 아니고 목표에 맞춰 전술적으로 변화시킬 수 있는 것'이라고 말했다.

만델라 리더십의 전술적인 비결은 무엇일까?

만델라가 전사戰士에서 외교관, 정치가로의 변신에 성공한 데는 그의 리더십이 큰 역할을 한 것이다. 그 전략을 알아보자.

용기는 두려움이 없는 것이 아니라 사람들이 두려움을 이길 수 있도록 고무시키는 것이다!

선두에서 이끌되 지지자들과 떨어지지 말라! 뒤에서 이끌어 다른 사람들이 선도한다고 여기게 하라! 적을 알고 그들이 좋아하는 스포츠까지 배워라! 동료뿐 아니라 라이벌과도 가까이 지내라!

외모에 신경을 쓰고 미소를 잊지 말라! 흑백논리를 버려라! 그만두는 것도 리더십이다!

21세기에 대한민국이 가장 신경을 써야 하는 분야는 학교와 교회에서 새로운 리더들을 키우는 것이다.

한국 초대 교회가 믿음과 실력을 갖춘 대단한 리더들을 키웠기에 오늘의 대한민국이 있다는 생각을 한다. 21세기의 한국교회는 어떤 리더들을 키워야 하는가?

다음은 기독교 역사에서 소외된 호주 선교사들의 자취를 찾아 정리하고자 한다.

9
한국의 호주 선교사 유적답사

1_부산지역의 호주 선교사의 발자취
2_통영에서 찾는 호주 선교사의 발자취
3_마산, 진주, 거창의 호주 선교사의 발자취

부산진교회 모습

1 부산지역의 호주 선교사의 발자취

부산진교회: 부산시 동구 좌천동 763
☎ 051-647-2452-3 www.busanjin.or.kr

일신기독병원: 부산시 동구 좌천동 471
☎ 051-630-0300 www.ilsin.or.kr

동래여자고등학교: 부산시 금정구 부곡 3동 산 7-1
☎ 051-514-1227-8

† 진실로 진실로 너희에게 이르노니 믿는 자는 영생을 가졌나니 내가 곧 생명의 떡이로라 너희 조상들은 광야에서 만나를 먹었어도 죽었거니

부산진교회 정문 옆에 있는 첫 호주 선교사 데이비스 기념비

와 이는 하늘로서 내려오는 떡이니 사람으로 하여금 먹고 죽지 아니하게 하는 것이니라 나는 하늘로서 내려온 산 떡이니 사람이 이 떡을 먹으면 영생하리라 나의 줄 떡은 곧 세상의 생명을 위한 내 살이로라 하시니라(요한복음 6:47-51)

    2009년이면 한국과 호주가 처음으로 교류를 시작한 지 120주년이 되는 해가 된다. 뿌리깊은 120년의 한-호 관계가 시작된 것은 1889년 호주 선교사가 부산항에 도착함으로 이루지게 된 것이다.

    120년 전인 1889년 10월 조셉 헨리 데이비스(Joseph Henry Davies, 1856~1890)는 인도 선교사의 경험을 살려 33세의 나이에 호주에서 보장된 사립학교 교장직을 사임하고서 한국에 첫발을 디디게 된 것이었다. 그는 한국에 도착한 지 6개월 만인 부활절을 하루 앞둔 1890년 4월 5일 부산 땅에서 숨을 거두게 되었는데, 데이비스의 순교는 호주 빅토리아장로교회의 청년들로 하여금 한국 선교에 대한 꿈과 열정을 가져오게 하였다.

    충성된 젊은이 127명이 자신의 생애를 조선에 걸기 위하여 태평양을 건너기 시작한 것은 오직 데이비스가 못 이룬 한국 사랑의 열정 때문이었다. 그들의 헌신으로 부산과 경남지방 사람들은 복음으로 마음의 밭이 기경起耕되기 시작한 것이었다. 그리고 그 결실로 부산진교회, 부산일신병원, 수안교회, 문창교회, 진주교회, 부산일신기독병원, 일신여학교(현 동래여고), 마산 창신중고·대학 등 수많은 교회와 병원 그리고 학교들이 세워진 것이었다.

한-호 선교 120년의 세월의 두께가 갈수록 쌓이는 동안에 청년 선교사들이었던 많은 분들은 이미 하나님 나라로 가셨으며, 한국 선교사로 활동을 하신 분들 중에 현재까지 생존한 호주 선교사들은 모두 38명이라고 한다(참조: 호주 『크리스천 리뷰』지: 발행인 권순형). 한-호 선교 120주년을 한 해 앞둔 2008년, 호주 선교사들의 역사의 발자취를 따라 한국과 호주의 현장을 찾아 떠나려고 한다. 성령의 인도를 받으며 부산과 경남지방을 거쳐 호주의 멜버른을 거치는 긴 여정을 시작하는 것이다. 금번 여정에는 아내가 동행하여 특별한 여정이 될 것이다.

아내는 근종 수술을 받은 후 2002년에 갑자기 암이 발견되어 수술과 방사선치료를 받는 등 어려운 시간을 잘 견딘 사람이다. 금번 아내와의 여행을 통해서 비로소 부모의 역할, 장남과 며느리의 역할, 직장의 힘든 역할 등 모든 짐을 내려놓을 수 있기를 바라는 마음이다. 새로운 곳을 보고 새로운 음식을 먹고 새로운 사람을 만나는 축복도 기대하지만 아내와 손을 잡고 떠나는 여정이기에 더욱 큰 기대를 하는 것이다.

"땅을 움직일 수 없어 생각을 움직였다!"

필자가 좋아하는 카피문구를 마음에 품고 떠나는 여정을 통하여 한국교회와 성도들, 특히 젊은이들의 오늘의 필요Need와 내일의 바람Want이라는 과제를 푸는 열쇠를 얻고자 한다.

부산에 처음 세워진 교회는 초량교회라고 하는데 맞는 말인가?

필자는 모든 일의 시작은 반드시 질문을 만드는 것으로 출발을 하는데, 사람을 얻는 것은 내가 아는 사실이라고 해도 상대에게 질문을 함으로써 가능하다는 것을 알게 되었기 때문이다.

지금부터의 역사 이야기는 운전을 하는 동안 옆에 앉은 아내에게 들려준 기독교

부산진교회 당회록

역사 이야기를 정리하여 적은 것들이다.

가장 잘 기억하는 방법은 아는 내용을 옆에 사람에게 가르쳐 주는 것이다. 재미없는 역사 이야기를 늘 잘 들어주는 아내의 덕에 그 동안 유적답사기를 4권이나 쓴 것이라는 생각을 한다.

1892년 미국 북장로교회 배위량W.M. Baird 선교사와 하디 선교사가 부산의 영서현英署峴(현재의 초량지역)에 초량교회를 세운 것이 부산지역 첫 교회의 출발이라고 이야기를 한다.

또 다른 관점은 부산은 미국 북장로교회와 호주 장로교회에서 같은 선교지역으로 관할을 하였으며, 1914년부터는 호주 장로교회에서 경남, 부산지역을 담당하였다는 것이다.

1891년 부산에는 해외 선교사들이 오기 전 이미 한국 사람들에 의하여 부산진교회가 세워졌다는 기록이 있는데, 당시 전국에는 성경을 팔면서 전도를 하던 권서勸書들에 의해 교회공동체가 많이 설립되었기에 그 기록이 맞는 것으로 보인다.

기록에 의하면 부산진교회 창립이 1901년으로 되어 있는데, 부산진교회 100년사를 보면 '교회창립 40주년' 인 1931년 1월 15일에 김유실에게 표창장을 준 내용이 있다. 그렇다면 교회의 창립은 1891년으로 거슬러 올라가야 하는 것이다.

호주 선교사 가족들의 모습

부산진교회는 1891년에 세워져 호주 선교사인 멘지스Miss Belle Menzies가 맡았으며, 1900년 10월부터는 엥겔(Gelson Engel, 한국명 왕길지) 목사가 맡으면서 크게 발전을 하였다.

여기서 우리가 꼭 기억할 호주 선교사 네 사람이 있다.

호주 빅토리아주 장로교회의 여전도연합회에서 파송한 멘지스와 페리Jean Perry, 그리고 파우셋Mary Fawcett, 이 세 명의 처녀 선교사들과 38년 간이나 부산과 경남 지방에서 다양한 선교활동을 한 엥겔 선교사이다.

부산진교회는 부산항이 보이는 좌천동 비탈길에 우뚝 세워져 있는데, 교회의 정문에 들어서니 우측에 데이비스의 기념비(사실은 그의 소실된 묘비석의 모형임)가 세워져 있었다. 호주 선교사들의 사역은 데이비스(Joseph Henry Davies, 한국명 덕배시)가 한국에 도착한 1889년 10월 2일을 기점으로 하여 부산을 중심으로 하여 진주, 마산, 통영, 거창의 5개의 거점據點도시로 확대되어 나갔다.

120년 전에 한국에 온 호주 선교사 데이비스는 어떤 사람인가?

중국의 푸쵸Foochow福州에서 선교활동을 하던 영국성공회 소속의 월푸John R.

Wolfe 주교가 1885년과 1887년 부산을 방문하고서 조선 선교의 필요성을 알리는 글을 선교잡지(『The Missionary at Home and Abroad』)에 싣게 되었다. 인도 선교를 준비하던 데이비스는 이 글을 읽고 한국을 향하여 떠나기로 결심을 하게 되었다.

데이비스는 뉴질랜드에서 이민을 온 사람으로 멜버른대학교를 졸업하고 멜버른Melbourne에서 코필드 그래머 스쿨Caufield Grammar School을 설립하여 학교장으로 7년째 근무를 하고 있었다.

한국행을 결심한 데이비스는 누이인 메리Mary T. Davies와 함께 1889년 8월 21일에 멜버른항을 출발하여 시드니항을 거쳐 험한 태평양을 건너게 된다.

데이비스는 증기선인 치난S.S. Tsinan호를 타고, 홍콩과 일본을 거쳐 항해航海 40여 일 만인 10월 2일에 부산항에 도착을 한다. 그리고 다시 배로 제물포(인천)로 와서 말을 타고 서울에 오게 된다.

서울에서는 미국의 언더우드 선교사의 도움을 받아 한국어를 배우면서 선교지를 정하기 위해 여행을 하기도 하였다. 그는 선교지로 정한 부산을 향하여 도보 여행을 계획하였다. 데이비스는 이듬해인 1890년 3월 14일에 언더우드 등 주변 사람의 만류를 뿌리치고 충청도와 전라도를 거쳐 부산을 향하여 떠났다. 당시 조선의 상황은 각종 전염병으로 많은 사람들이 생명을 잃을 때였다.

데이비스는 20일 만에 부산에 도착을 했지만 무리한 도보여행으로 인해 천연두와 폐렴에 걸려 죽기 전 마지막 5일 간은 아무것도 먹지 못하였다. 데이비스가 부산에 도착한 날은 4월 4일로 부산에 있던 캐나다 출신 선교사 게일J.S. Gale이 데이비스가 위급하다는 소식을 듣고 급히 달려가 자기 집으로 옮겨 간호를 하였다. 그러나 데이비스는 게일 선교사의 도움도 헛되이 4월 15일 오후 1시경에 부산 동래의 한 일본인 병원에서 하나님의 부름을 받게 되었다.

† 예수께서 가라사대 나는 부활이요 생명이니 나를 믿는 자는 죽어도 살겠고 무릇 살아서 나를 믿는 자는 영원히 죽지 아니하리니 이것을 네가 믿느냐(요한복음 11:25-26)

엥겔(왕길지) 선교사(왼편)와
성도들

데이비스는 한국에 온 지 꼭 183일 만에 세상을 떠났으며, 누이 메리는 슬픔을 안고 그 해 7월 18일에 다시 멜버른으로 돌아가게 된다.

데이비스의 사망은 무리한 선교이며 전략의 부재라는 소리를 들을 만한 사건이었지만 수많은 호주 선교사들이 한국을 향하는 데 결정적인 역할을 하였다. 예수 그리스도 안에서는 실패가 없다는 것을 보여 준 중요한 사건임에 틀림이 없는 것이다.

국내외의 선교를 할 때 가장 큰 어려움은 닥쳐오는 두려움이라는 실체인 것이다.

생명력 있는 기도는 환경에서 나타나는 두려움의 파도를 이기게 하며, 오히려 파도를 즐기는 서퍼Surfer가 되게 하는 것이다. 선교는 기도로 하는 것이며 무릎으

메켄지 가족과 선교사 일행

로 하는 것이다.

필자는 곧 호주의 멜버른에 가서 데이비스가 자라고 신앙생활을 하던 곳들을 직접 보고 그 감동으로 글을 쓰려고 한다.

호주 장로교회는 1892년에 선교부를 부산진과 초량에 설치하고 인근의 도시에 선교거점을 세워 나가게 된다.

부산에서 활동하신 많은 호주 선교사 중에 중요한 두 분을 살펴보고자 한다.

한 분은 엥겔(Gelson Engel, 한국명 왕길지) 선교사로 1900년에, 또 한 분은 의료선교사 메켄지(James Noble Mackenzie, 한국명 매견시)로 1910년에 한국에 오신 분이다.

일신기독병원에 세워진 메켄지 기념비

일신기독병원 본관

멘지스 선교사

특히 메켄지는 부산 일신기독병원에서 나환자들을 28년 간이나 돌보신 분으로, 1931년에는 나환자가 580명, 신자가 234명이나 되었다고 한다. 일신기독병원은 부산진교회의 아래에 있는데, 병원의 건물 옆에 있는 메켄지의 공적을 기리는 기념비를 꼭 가 보기를 권한다.

호주 선교사들이 부산에서 펼친 교육사업들

부산진 일신여학교는 멘지스와 페리 그리고 파우셋 선교사에 의하여 1895년 부산 좌천동 호주선교사관에서 교육을 시작하였다. 경남지역에 최초로 세워진 부산진 일신여학교는 1939년 문을 닫았는데 현재는 동래여자고교로 역사의 맥을 잇고 있다.

동래여고 역사관

　부산진교회의 인근에 1905년 4월 15일에 준공한 부산진 일신여학교 건물이 지금껏 남아 있다. 이 건물은 1919년 3월 11일부터 시작된 부산만세운동의 진원지로서, 역사적인 가치가 있어 '부산시 지정기념물 제55호'로 지정 보호받고 있다. 참으로 다행이라는 생각을 하는데, 우리가 뉴타운 건설 등 재개발이라는 명분 아래 돈이 되는 일은 용감하게 저지르는 경향이 있기 때문이다. 그 동안 얼마나 많은 문화재급 건물들이 사라졌는지 모른다. 부산진 일신여학교의 뿌리를 이은 동래여고는 역사를 잘 관리하는지 궁금하다.

　학교 본관 1층에 있는 역사관에 가 보니, 그들은 호주 선교사들의 역사를 잘 전시하고 있었으며 졸업생들 중에 박순천, 양한나, 박차정 등 일제시대의 독립운동사

동래여고 정원에 1924년 때 건축했던 건물의 기초석만 남아 있다.

동래여고 역사관의 내부 모습

에 이름이 길이 남은 분들의 자취도 잘 보존하고 있었다.

호주 선교부는 1930년 말에 일본이 교회에 신사참배를 강요하자 단호히 거부하였는데, 이 때문에 신변의 안전이 어렵게 되자 1942년 6월 2일에 본국으로 모두 떠났다.

해방 후에 그들의 자취에 대한 연구가 부족한 가운데 통영시의 호주 선교사들의 자취를 찾아보고자 한다.

통영양관터 주춧돌

2 통영에서 찾는 호주 선교사의 발자취

통영시 기독교 100주년 기념관 건립추진위원회:
경남 통영시 도남동 1번지 ☎ 055-641-1004

충무교회: 경남 통영시 문화동 183
☎ 055-645-5440

지세포교회: 경남 거제시 일운면 지세포리 950-1
☎ 055-682-1125

† 예수께서 가라사대 내가 곧 생명의 떡이니 내게 오는 자는 결코 주리지 아니할 터이요 나

통영시기독교 100주년기념관 추진
위원회원들과 충무관광 호텔에서.

를 믿는 자는 영원히 목마르지 아니하리라(요한복음 6:35)

　필자가 교회의 역사현장을 다니며 몰입沒入을 하는 이유가 무엇일까? 스스로 던져 보는 질문이다. 뿌리에 대한 동경憧憬, 그 욕구를 충족시켜 주기 때문이라는 생각을 한다.
　지나간 사건과 만남을 사슬로 엮다가 보면 우연이라고 보기에는 어려운 어떤 섭리를 알게 되는데, 그 섭리는 필자에게 커다란 감동을 가져다준다. 이 섭리는 필자의 삶에 큰 영향력을 끼치는 것이기에 역사는 큰 에너지이며 굳은 화석化石이 아니라는 생각을 한다.
　2007년 7월 말 살인적인 더위가 기승을 부리는 날 충무시라고 부르던 통영시統營市를 향하여 힘차게 출발을 하였다.
　호주 선교사들의 흔적에 대한 정보가 없이 떠나는 여정이라 기도는 필수가 되는 것이다.
　"너는 범사에 그를 인정하라 그리하면 네 길을 지도하시리라"(잠언 3:6)라는 말씀에 의지하면서 섬과 바다가 어우러진 한국의 나폴리, 통영으로 향하였다.

충무관광호텔에서 통영 100주년 기념사업회 리더들과.

통영에는 호주 선교사들의 흔적이 어디에 남아 있을까?

통영시의 첫 교회는 1905년 4월 5일 아담슨(Andrew Adamson, 한국명 손안로)이 세운 대화정교회(현 충무교회)라고 한다. 그리고 1910년부터는 교회 부근에 선교부 건물을 지었다고 하는데, 총 부지는 9,900여 m²였고 붉은 벽돌의 2층 건물 3개 동, 진명학원 1개 동을 지었다고 한다.

당시에는 통영에 건축 기술자가 없어서 중국인들을 데려다가 지었다고 하는데, 1913년에 선교부 건물(양관)이 완공되고 마산지부에서 왓슨(R.D. Waston, 한국명 왕대선)이 부임하게 되었다. 왓슨은 1910년 12월에 한국에 와서 사역을 하시다가 1928년까지 일을 하신 분이다.

통영에는 왓슨 외에 1892년부터 1919년까지 무어(Miss E.S. Moore, 한국명 모이리 사백)가, 1913년부터는 의료선교사 테일러(Dr. Tayler, 한국명 위대선) 부부가 계셨다고 한다. 통영에서 그분들의 흔적을 찾으려 했지만 호주 선교부 통영지부 건물터의 위치를 아는 사람을 만날 수가 없었다. 통영시의 문화관광과에 문의를 하니 한 공무원이 한국연안선교회의 김순덕 선교사를 연결시켜 주었다.

마침 김순덕 선교사를 통하여 '통영시기독교 100주년기념관' 건립을 추진 중인

통영양관 터에서 본 통영 시내

　강수용 사장과 '충무교회 100년사'를 편집하는 김성환 씨를 만나게 되었다.
　이분들의 안내로 찾은 호주 선교사관터는 이순신 장군의 사당 앞에 있는 SK 주유소 건너편의 땅이었다. 반갑게 올라간 양관터 대부분은 주택가로 변했지만 다행히 산비탈의 2,600여 ㎡는 빈 땅으로 남아 텃밭으로 이용되고 있었다. 곳곳에 옛 양관洋館 건물의 흔적인 벽돌과 시멘트덩이들을 볼 수가 있었으며, 호주 선교사들이 마시던 우물은 옛 모습 그대로 남아 있어 지금도 그 물을 마실 수가 있는 우물이었다.
　호주 선교부 통영지부의 건물터에는 '통영시기독교 100주년기념관'이 세워질 예정이라고 한다. 통영으로 출발할 때 생각지도 않은 분들과 만나 이렇게 양관터에

호주 선교부 통영지부 건물들의
잔해와 우물 모습

오게 되는 모든 것이 성령님의 인도하심이라는 것을 절실하게 깨닫는다.

호주 선교부에서 운영을 하던 진명유치원 터에는 빌라건물이 들어서 있었는데, 이곳은 세계적인 작곡가 윤이상(尹伊桑, 1917~1995), 시인 유치환(柳致環, 1908~1967)과 극작가 유치진(柳致眞, 1905~1974) 형제, 얼마 전 세상을 뜬 『토지』의 작가 박경리(朴景利, 1926~2008), 시인 김춘수(金春洙, 1922~2004), 시조시인 김상옥(金相沃, 1920~2004) 등의 문화예술인들이 어린 시절을 보낸 곳이다.

안내를 맡은 김순덕 선교사께서 거제도의 해금강가에서 자연산 멍게 비빔밥을 사주셨는데 그 맛을 잊기가 힘들 것 같다.

거제도를 빠져 나오는 길에는 호주 선교사 왓슨(Rev. Robert D. Watson, 한국명 왕대선)이 1918년 11월 17일에 세운 지세포교회知世浦教會도 둘러보았다.

아름다운 통영항이 내려다보이는 충무관광호텔에서 여독을 풀고 "역사에 묻혀 있는 선교 사명자들의 흔적을 찾아 한국교회의 오늘과 미래의 방향을 가늠하라"라는 주님의 명령을 이루기 위하여 아침식사를 하자마자 마산으로 향하였다.

마산 문창교회

3 마산, 진주, 거창의 호주 선교사의 발자취

문창교회: 경남 마산시 상남동 57
☎ 055-245-4802

창신대학: 경남 마산시 합성 2동 1번지
☎ 055-250-3001-9
www.csc.ac.kr

† 저희가 묻되 우리가 어떻게 하여야 하나님의 일을 하오리이까 예수께서 대답하여 가라사대 하나님의 보내신 자를 믿는 것이 하나님의 일이니라 하시니(요한복음 6:28-29)

금번 여행에는 아내가 동행을 하는 바람에 지루하지 않은 여정이 되었는데, 마산에 오자마자 문창교회에서 은퇴하신 김기현 목사님을 오랜만에 반갑게 뵐 수가 있었다.

김기현 목사는 문창교회에서 30여 년 간 목회를 하시면서 문창교회 역사와 경남지방의 교회역사를 기록으로 남기신 분이다.

마산의 첫 교회는 어느 교회일까?

마산馬山 복음화의 시작은 1894년에 부산에서 온 호주장로회 소속의 손안로Andrew Adamson 선교사가 부

마산 문창교회 역사관

산 초량에 거주하시면서 마산지역을 순회 전도를 한 것이었다.

1911년에는 손안로가 부산에서 마산으로 이주하여 주택을 짓고 마산지부를 설치하게 되었으며, 왓슨은 마산으로 왔다가 1912년부터는 통영지부로 다시 사역지를 옮기게 된 것이다.

해외의 각 선교부는 합동으로 공의회公議會를 조직하여 마산에 교회를 세우도록 결정을 했는데, 1901년에 전도를 받은 백도명, 김인모 등의 주도로 마산포교회를 세우게 되었다.

마산포교회는 1911년에 상남동에 교회를 신축하였으며 1912년부터 손안로가 부임을 하면서 경남지방 교회들의 모체가 되었다. 마산포교회는 1919년에 교회를 추산동으로 옮기면서 문창교회로 이름을 바꾸게 되는데, 문창교회 하면 순교자 주기철 목사가 떠오르는 교회이다.

순교자 주기철 목사는 어떤 분인가?

주기철 목사는 부산 초량교회에서 목회를 하시다가 1931년 7월 마산 문창교회에 부임을 하셨으며, 1936년 7월부터는 평양의 산정현교회로 옮겨 교회를 새로 짓는 등 열정적인 목회를 하셨다.

주 목사는 일제의 신사참배 문제가 대두되던 1934년 8월, '죽음의 준비'라는 설교를 통하여 죽음을 각오한 신앙의 절개를 다짐하신 적이 있다. 주 목사는 1935년 5월부터 신사참배의 강요가 시작되자 이를 거절하여 4차례나 감옥에 갇히셨고, 옥중에서 7년이라는 고난의 세월을 지내다가 1944년 4월 21일 오후 9시 평양감옥에서 49세의 나이로 순교를 하셨다.

당시 일제는 감옥에서 주 목사의 손톱, 발톱을 뽑고 고춧가루 탄 물을 코에 붓는 등 인간으로서는 도저히 할 수 없는 짐승 같은 만행을 지질렀다.

주기철 목사는 '너는 나 외에는 다른 신들을 네게 있게 말지니라' 라는 십계명 1조의 신앙의 절개를 지키시다가 순교를 당하신 것이다. 한국교회의 영성은 순교자들의 피 위에 세워진 것으로 세계에 자랑을 할 만한 가치가 있는 것이다.

주 목사의 시신은 평양의 돌박산에 안장되었는데, 해방 후 정부는 건국공로훈장을 추서하고 국립현충원에 시신이 없는 무덤을 만들고 비석을 세워 놓았다.

† 여호와께서 모세에게 이르시되 이것을 책에 기록하여 기념하게 하고 여호수아의 귀에 외워 들리라 내가 아말렉을 도말하여 천하에서 기억함이 없게 하리라(출애굽기 17:14)

마산에 있는 창신중고등학교와 창신대학이 호주 선교사들에 의하여 세워진 학교들이다.

창신昌信학교는 어떻게 설립된 학교인가?

창신학교는 손안로의 전도로 신자가 된 이승규(李承奎, 1860~?)가 1906년 5월 17일 '독서숙' 이라는 학당을 세우고 손안로가 후원을 하여 후일에 마산 최초의 학교가 되었다.

이승규는 직접 교단에서 학생들을 가르쳤는데 한글과 국사 교육에 중점을 두어 민족혼을 불어넣는 일에 주력하였다. '독서숙' 은 날로 번창하고 학생 수도 늘어 1909년 8월 19일에 정규학교로 설립인가를 받아 '창신' 이라는 이름으로 학교를 세웠다.

창신대학 구내에는 호주 선교사 기념비가 세워져 있다.

1911년 8월에는 고등과를 병설하였고 교육과정을 쇄신하였으나 불행하게도 1925년 3월 22일자로 일제의 탄압에 폐교하고 말았다.

폐교 당시에 3대 교장은 메크레 목사(Rev. F.J.L. Macrae, 한국명 맹호은)였는데, 멜버른 투락교회의 존 메크레John Farquhr Macrae 목사의 아들로 1920년부터 1938년까지 18년 간 창신학교 등에서 일한 분이다.

호주의 첫 선교사 데이비스를 한국에 파송한 멜버른 투락교회의 벽면에는 메크레 목사 부자를 기리는 기념판이 붙어 있다.

창신학교가 일제의 탄압과 경영난으로 폐교되자 호주 선교부는 교육을 계속하기 위하여 창신학교를 인수하여 1925년 11월 1일에 호신濩信학교라는 이름으로 개교하였다.

호신학교는 호주장로교 선교부가 신앙교육을 목적으로 설립한 학교이며, 창신학교 제2대 교장을 역임했던 리알(D.M. Lyall, 한국명 나대궐)의 업적을 기리는 뜻으로 영문 D.M. 리알기념학교The D.M. Lyall Memorial Secondary School로 명명하였다.

호신학교 출신으로 우리에게 잘 알려진 인물로는 박대선 목사(전 연세대학교 총장), 김정준 목사(전 한신대 총장), 조선출 목사(창신학교 교장 역임, 전 기독교서회 총무), 이길상 박사(전 연세대학교 교수, 이은상 시인의 동생), 이정기 박사(서울대학교 교수) 등이 있다.

　호신학교는 일제의 갖가지 탄압 속에서도 교육을 계속하였으나 당시 교장이었던 알란A.W. Allen 선교사의 사망과 함께 1933년 4월에 폐교되고 말았다. 창신학교는 해방 후에 학교경영에서 우여곡절을 겪다가 1985년 7월 강병도 장로가 경영권을 인수하여 오늘에 이르고 있다.

　창신학교 설립에 공이 컸던 이승규의 아들 이은상(李殷相, 1903~1982)은 창신학교 교사였는데 '가고파'를 작사한 유명한 문인이다. 연세대 음대 교수였던 박태준(朴泰俊, 1900~1986), 동요 '산토끼'를 작사 작곡한 이일래(1903~1979) 선생도 창신학교 출신들이다.

　호주에서 거친 태평양의 파도를 건너온 이들의 믿음과 헌신에 깊이 감사하는 의미로, 2005년 10월 15일 창신대학 내에 호주 선교사들 중 한국에서 순직한 9명의 공적을 기리는 기념비가 설치되었다. 창신대학의 교문을 들어서면 바로 우측 언덕에 마련된 9개의 기념비는 호주의 한인교회들이 연합하여 제작한 것들이다.

호주 선교부 진주와 거창지부의 흔적은 얼마나 남아 있을까?

　호주 선교부는 부산과 마산, 그리고 통영 외에도 진주와 거창에도 지부를 세워 갖가지 선교사역을 전개하였다. 그러나 오늘날 진주와 거창지역 호주 선교사들의 흔적을 찾기란 쉽지가 않다.

　역사의 기록을 통하여 우선 살펴보자.

　호주 선교부는 1905년 당시 경상남도의 도청소재지였던 진주에 지부를 설치하기로 하였다. 책임자로서 1902년 부산에 온 의사인 커를(Dr. Hugh Currell, 한국명 거열휴) 부부를 진주에 파송하였다. 이들이 1913년에 경남지방의 첫 병원 배돈병원Mrs. Paton Memorial Hospital을 세웠는데, 페이톤Paton 선교사를 기념하기 위하여 이렇게 이름을 붙인 것이다.

　배돈병원 자리에는 현재 고층아파트와 주택이 들어서 있어, 일제시대 경상도 지역

일제 시대 경상도 지방 최대 병원이었던 진주 배돈병원

의 최대 근대식 병원이었던 배돈병원은 사진으로만 그 흔적을 찾을 수 있다. 그리고 지리산 밑 산청에는 덕산교회가 있는데, 교회건물의 뒤쪽에 호주 선교사 묘지가 있다. 여기가 바로 진주 배돈병원에서 간호과장으로 근무를 하던 네피어(Miss G. Napier, 한국명 남성진) 선교사의 묘지이다. 그녀는 1912년 12월부터 진주 배돈병원의 간호과장으로 1935년까지 근무하다가 부산 동래에서 1936년 별세를 하신 분이다.

진주에 이어 거창지부의 흔적도 살펴보자.

호주 선교부는 1913년 6월에는 거창지부를 개설하여 메크레를 책임자로 파견하였다.

메크레 선교사는 1910년 9월에 내한해 진주지방에서 사역해 오던 선교사로 유달리 키가 크고 건장한 청년이

네피어 선교사 모습

지리산 산자락에 있는 네피어 선교사 묘비

었다고 한다. 1910년 목사 안수를 받은 후 내한한 그는 진주, 거창, 마산 등지에서 30년 간 사역하다가 1940년에 은퇴하셨다.

거창에서는 신애미Miss A.M. Skinner가 1915년 2월에 명덕강습소(학교)를 세웠으며, 1916년부터는 스코트Miss S.M. Scott가 23년 간 학교를 운영하였다고 한다. 거창고등학교 자리에 1970년대 초까지 호주 선교사가 거주하던 붉은 2층의 벽돌건물과 우물터가 있었다고 하는데, 지금은 아는 사람조차 없다.

메크레는 거창과 창원지역의 장날에 오토바이를 타고 다니면서 "예수를 믿으시오. 그러면 구원을 받습니다"라고 외치고 다녔다는 이야기가 전해지고 있다.

호주 선교사들의 역사는 해방 후 연구가 미흡하고 유적들이 관리가 되지 않아 마른 뼈와 같이 굳어져 있는 실정이다. 호주 선교사들의 한국 사랑의 이야기들이 오늘을 풍성하게 하며 한국교회의 번영에도 크게 이바지하기를 바라는 마음이다.

우리의 과거가 많아지면 우리의 오늘과 미래도 풍요로워지기 때문이다.

†주 여호와께서 이 뼈들에게 말씀하시기를 내가 생기로 너희에게 들어가게 하리니 너희가 살리라(에스겔 37:5)

다음은 호주의 첫 선교사 데이비스의 역사 현장인 멜버른을 다녀오려고 한다.

10
호주 선교사 고향의 유적답사

1_호주 선교사들의 위대한 유산
2_호주 첫 장로교회인 에벤에젤 교회를 찾아

투락교회의 모습

1 호주 선교사들의 위대한 유산

코필드 그래머 스쿨Caufield Grammar School:
217 Glen Eira Road East St Kilda Victoria
Australia
☎ 03-9524-6300 cgs@caulfieldgs.vic.edu.au
www.caulfieldgs.vic.edu.au

투락교회Toorak Uniting Church:
603 Toorak Road, Toorak, 3142
☎ 9829-0300
http://toorak.unitingchurch.org.au

스콧장로교회Scots Church:
99 Russell Street melbourne Vic 3000
☎ (03) 9650 9903 www.scotschurch.com

† 너희 하나님 여호와께서 요단 물을 너희 앞에 마르게 하사 너희로 건너게 하신 것이 너희 하나님 여호와께서 우리 앞에 홍해를 말리시고 우리로 건너게 하심과 같았나니 이는 땅의 모든 백성으로 여호와의 손이 능하심을 알게 하며 너희로 너희 하나님 여호와를 영원토록 경외하게 하려 하심이라 하라(여호수아 4:23-24)

데이비스 선교사

2008년 2월 1일 늦추위가 만만치 않은 날, 첫 호주 선교사 데이비스의 고향인 호주 멜버른Melbourne을 향하는 비행기에 올랐다. 태평양을 북에서 남으로 건너는 긴 비행시간 동안 머리 속에서는 1995년 5월의 시간 속 필름이 돌아가고 있었다.

13년 전 멜버른에서 열린 '세계기독교여자절제회총회'에 한국대표 20명과 함께 참석을 하였는데, 왜 남성인 내가 혼자서 여성들만의 모임에 참가를 하였는지 그 이유도 모르고 얼떨결에 단체에 끼어 갔던 기억이 난다.

총회기간 중 주일날에 호주 최초의 한인교회인 '멜버른한인교회'(당시 지태영 목사 담임)에서 예배를 드리는 던 중에 데이비스(Joseph Henry Davies, 1856~1890)라는 분의 순교 이야기를 처음 듣게 되었다.

"데이비스 같은 분들이 목숨을 걸고 한국에 복음을 전했기에 내가 하나님의 자녀가 되는 복을 받았구나!"라는 깨달음에 감동의 눈물이 흘러 나왔다. 이 순간의 감동이 필자의 사명으로 깊게 다가오게 된 것이었다. 기독교 역사에 대하여 문외한門外漢이었던 사람에게 주님께서 '한국에 복음을 전하기 위하여 자신의 생애를 바친 분들의 발자취를 찾아 후손에게 전하라' 라는 사명을 주신 것이었다.

귀국 후에 성령님의 인도를 받으며 전국 교회의 역사현장을 다니며 자료를 모아, 2000년에 『한국 기독교 유적답사기』 1권과 2001년에 2권, 2007년에 『하나님의 지문』을 발간하게 된 것이다. 하나님은 부족한 자를 통하여 영광을 받으시는 분이시기에 부족함을 알고 기도로 늘 간구하며 책을 발간한 것이다.

역사는 현실적으로는 힘이 아주 약한 학문이며 역사 연구의 본질은 과거의 사실을 최대한 객관적으로 정확하게 규명하는 일인 것이다. 인간의 본질은 거의 변하는 것이 아니기에, 경험하지 못한 과거의 사건에 감동을 받아 현재와 연결하는 것은 가능한 것이라 생각을 한다. 그러나 역사는 현실을 비추는 아주 흐린 거울이기에 역사를 기록할 때에는 더 많은 기도가 필요하다고 생각을 한다.

기독교 역사학자들 중에는 호주의 데이비스나 영국의 토머스 같은 분들을 '순교자'의 반열에 놓는 것에 인색함을 보이는 분들도 있다. 그러나 한국 선교에 커다란 업적이 없다고 하더라도 그들의 죽음이 한국교회의 발전에 큰 영향을 끼쳤다는 관점에서 그분들의 생애에 대한 열린 토론이 필요하다는 생각을 하고 있다.

데이비스 선교사의 순교 이야기는 국내 편에서 다루었기에 생략하려고 한다.

데이비스와 이윙

우선 데이비스를 한국에 파송하는 일에 기여한 멜버른 투락Toorak교회의 이윙(John F. Ewing, 1849~1890) 목사에 대한 기술을 하고자 한다.

이윙은 한국에 선교사를 보내는 데 관심이 없던 빅토리아주 교회들의 지도자들을 설득하여, 1888년 11월 22일에 데이비스를 조선 선교사로 파송토록 장로교 총회에 청원을 하였다. 그 결과 데이비스는 누이 메리와 함께 1889년 8월 21일 멜버른항을 출발, 8월 28일에 시드니에서 치난S.S. Tsinan호에 올라 홍콩과 일본을 거쳐 40여 일 만인 1889년 10월 2일 이른 아침 부산에 도착하였다.

태평양을 건너는 중 데이비스 남매는 교사였던 벙커D.A. Buncker 씨 내외를 만나

데이비스가 태평양을 건널 당시의 증기선들

서 한국의 정세政勢에 대한 이야기를 들을 수 있었다. 그들은 벙커 씨의 안내로 부산을 둘러본 후 부산을 출발하여 4일 오전 11시에 제물포(인천)에 도착하였으며, 마중 나온 존스Jones와 헐버트H.B. Herbert 등을 만났다. 다음날 아침 8시경 말을 타고 서울로 온 후, 5개월간 한국어 공부에 최선을 다하면서 특별히 미국의 언더우드 선교사의 도움을 받으며 과천, 용인, 수원 등을 여행하기도 하였다.

데이비스는 1890년 3월 14일 누이 메리를 서울에 남겨 두고 어학 선생과 하인, 그리고 판매할 문서와 약간의 약품들을 지참하여 부산을 향하여 선교 여행을 떠나게 되었다.

멜버른항에서 배에 오르기 전의 데이비스와 누이 메리

유독이나 추었던 1890년 3월의 기후와 불편한 잠자

코필드 그래머 스쿨의 교사들
(가운데 앉은 사람이 데이비스)

코필드 그래머 스쿨에 데이비스의
여권과 비자를 보관하고 있다.

리, 맞지 않은 한국 음식은 허약한 그로서는 감당할 수 없었으나 선교의 에너지가 넘치던 데이비스의 고집을 꺾을 수는 없었다.

　4월 4일 억수같이 쏟아지는 비를 맞으며 부산에 도착한 데이비스는 결국 천연두와 폐렴의 합병증에 걸리게 되었다. 데이비스는 병원으로 옮겨졌으나 다음날인 1890년 4월 5일 오후 1시경 그의 생애를 마감하게 된다. 데이비스는 꿈을 펴 보지도 못하고 한국에 온 지 6개월, 정확히 183일 만에 하나님의 품으로 간 것이다.

　캐나다 출신 게일 선교사가 데이비스의 시신을 부산항이 잘 보이는 초량마을(영주동) 뒷산에 매장하였다고 하는데, 현재 그의 묘지는 소실되어 흔적을 찾을 길이 없다. 데이비스의 안타까운 사망 소식은 호주 빅토리아

데이비스의 묘지가 소실되기 전 친척들이 방문한 사진이다.

주 교회들과 투락교회의 이윙 목사에게 알려졌고 그들은 큰 충격에 쌓이게 된다.

이윙 목사는 큰 슬픔에 잠겨 지내다가 데이비스를 애도하는 예배를 하루 앞두고 1890년 5월 7일에 갑자기 세상을 떠났다. 두 분의 사망으로 투락교회와 빅토리아 장로교회에서는 기도운동이 일어나게 되었고 그들은 한국 선교에 집중하게 되었다.

일련의 과정 속에서 한국 선교운동에는 해외선교부와 함께 청년연합회Young Men's Fellowship Union, 여전도회연합회Presbyterian Women's Missionary Union 의 역할이 지대하였다. 이후 청년연합회는 1890년 7월 23일 집행위원회를 소집하여 한국 선교사 파송을 계속하기로 결의했고, 1891년에는 데이비스에 이어 제2대

데이비스 묘지는 사진으로만 남아 있다.

이원 목사는 데이비스를 조선에 파송한 분이다.

선교사로 존 멕카이Rev. John H. Mackay 부부를 한국 선교사로 파송하였다.

† 여호와께서 우리를 기뻐하시면 우리를 그 땅으로 인도하여 들이시고 그 땅을 우리에게 주시리라 이는 과연 젖과 꿀이 흐르는 땅이니라 오직 여호와를 거역하지 말라 또 그 땅 백성을 두려워하지 말라 그들은 우리 밥이라 그들의 보호자는 그들에게서 떠났고 여호와는 우리와 함께 하시느니라 그들을 두려워 말라 하니(민수기 14:8-9)

한편 데이비스의 누이 메리는 1890년 7월 18일에 멜버른으로 귀국한 후 여전도회연합회 창립을 지원하였으며, 여전도회연합회는 1891년 멘지스 양Miss Belle Menzies, 페리 양Miss Jean Perry, 파우셋 양Miss Fawcett 등 세 명의 처녀 선교사를 시작으로 해방 전까지 40여 명의 여선교사들을 한국에 파송하였다.

이들 중 데이비스의 두 조카인 마가렛 데이비스(Miss Margaret Davies, 1910~1940년 사역)와 진 데이비스(Dr. Jean Davies, 한국명 대지안, 1918~1941년까지 사역)도 30년 간 한국 선교사로 일을 하였다.

지금까지 호주장로교회(1977년 이후는 호주연합교회)는 127명의 선교사를 한국에 파송하였다.

이원 목사 기념판이 투락교회의 벽에 붙어 있다.

데이비스가 살던 멜버른은 어떤 곳인가?

필자는 예민해서인지 비행기 안에서 잠을 설치는 경

코필드 그래머 스쿨

향이 있어 얼떨떨한 상태에서 멜버른 공항에 내리니 아침나절이었다. 환경을 중요하게 여긴다는 호주인지라 공항을 빠져 나가는 데 절차가 만만치가 않았다.

멜버른에서의 일정은 멜버른우물교회의 정원준 목사와 예수전도단의 박정훈 선교사께서 잘 도와주셨다. 특히 박정훈 선교사는 데이비스에 관심이 많은 분으로 곳곳을 자신의 차로 안내와 통역을 맡아 주셨다. 멜버른은 영국풍의 아름다운 정원 분위기의 도시로 얼마 전에 인천에서 직항直航노선이 열려서 여행하기에 매우 편리해진 도시이다.

호주는 한반도 35배 넓이의 땅이지만 3천만 명도 안 되는 인구를 가진 나라이기에 젊은이들이 한 번 미래를 걸고 도전해 볼 만한 나라라는 생각을 한다.

멜버른시는 빅토리아주의 주도州都로 시에서 유적으로 보존하는 건물들이 많으며, 지금도 느리게 움직이는 전차Tram들이 세계 곳곳에서 관광객들을 모으고 있었다. 멜버른시는 매년 테니스, 승마 등의 세계적인 스포츠 대회가 열리는 것으로 유명한 곳이기도 하다.

도착 직후 박정훈 선교사와 데이비스가 설립하고 교장으로 근무하던 코필드 그래머 스쿨을 찾았다.

코필드 그래머 스쿨은 멜버른의 최고 명문학교로 분교가 3개나 있다고 한다. 데이

투락교회에서.

비스가 설립한 코필드 그래머 스쿨은 데이비스가 한국으로 떠난 후에도 그의 건학정신을 이어가고 있었다.

데이비스의 그래머 스쿨은 "열심히 일하라, 그리하면 쉼을 얻으리라"Work so that you may rest(교훈校訓)라는 건학정신을 유산遺産으로 이어 오고 있는 것이다.

1881년 9명의 학생으로 출발한 학교에서는 현재 3천여 명의 학생들이 공부하고 있다. 그 동안에 학교는 멜버른 시장과 빅토리아주 수상 등 호주의 지도층 인사들을 많이 배출하였다고 한다. 일정상 코필드 스쿨의 뉴톤 교장을 만나지는 못하고 데이비스가 다니던 투락교회Toorak Church를 향하였다.

투락교회는 데이비스와 누이 메리가 다니던 교회로 데이비스를 한국에 선교사로 파송한 교회이다. 투락교회의 입구에 들어서면 '스코틀랜드 교회에서 세운 투락교회' 라는 의미로 스코틀랜드에서 가져온 작은 돌 하나가 붙어 있는 것을 보게 된다. 이곳이 바로 120년 전 데이비스와 메리가 밟고 다녔을 교회 뜰이라는 생각에 잠겨 감동으로 걸어 보았다.

교회 내부의 강대상 왼편 벽에서 데이비스의 사망소식을 듣고 애통하다가 사망한 이윙(J.F. Ewing, 1849~1890) 목사의 기념판도 볼 수가 있었다.

강대상 우측의 작은 방에서는 투락교회의 역대 담임목사들의 사진을 볼 수가 있었

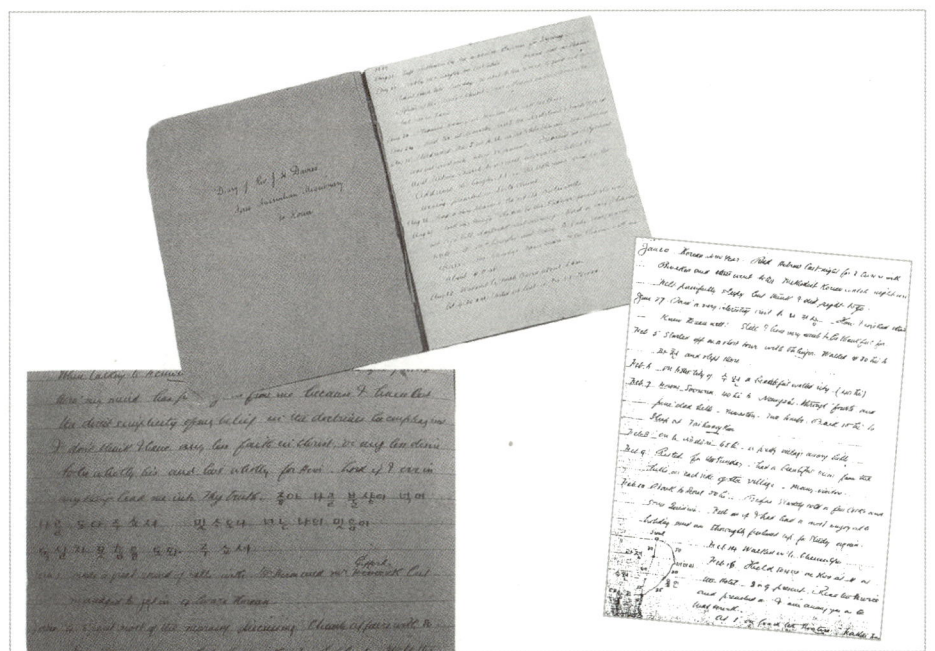

데이비스 일기가 시드니 국립도서관에 보존되어 있다.

는데 이윙 목사의 사진도 볼 수가 있었다.

데이비스는 1888년에 목사 후보생이 되어 영국의 에든버러대학교 내의 뉴 칼리지 New College 에 입학하여 6개월 만에 신학공부를 마치고 1889년 5월 13일 멜버른으로 돌아왔다. 그리고 빅토리아주 장로교회의 설립 50주년총회기념일인 1889년 8월 5일 스콧장로교회 Scots Church 에서 목사 안수를 받았다.

멜버른 중심가에 있는 스콧장로교회는 1835년에 건축된 아름다운 교회로 많은 해외 선교사들을 파송할 때 예배를 드렸던 곳이다. 역시 많은 관광객들이 교회 내부를 돌아보고 있는 모습을 쉽게 볼 수가 있었다. 오늘날 멜버른에서 찾을 수 있는 데이비스의 흔적은 '코필드 그래머 스쿨'과 '투락교회' 그리고 '스콧장로교회'

데이비스가 사용하던 성경공부 노트(시드니 국립도서관)

관광객들이 많이 들리는 스콧장로 교회 모습

정도이다.

　120여 년 전 빅토리아주 장로교회들은 청년연합회나 여전도회연합회라는 전문 선교기구를 만들어 해외에 선교사들을 파송하였다. 이렇듯 전문적인 선교기관에서 선교사들을 해외에 보낸다면 선교지의 중복을 피하게 되고 비용도 적게 드는 등 장점이 더 많은 것이다.

　한국교회도 해외 선교를 전담하는 기구를 만들어 선교사의 선발과 훈련, 그리고 파송과 관리를 하였으면 좋겠다는 생각을 하게 된다. 모든 교회들이 해외 선교사들을 파송하지 않아도 전문 선교기관을 돕는다면 선교 목적에 참여할 수가 있다는 것이다.

　금번 여행은 시드니에서 18년째 발간되는 『크리스천 리뷰Christian Review』의 권

거제도에 꼭 가 보고 싶다는 브라운 선교사와.

순형 사장이 일정과 안내를 맡아 주어 각별한 경험을 할 수가 있었다. 특히 기억에 남는 두 가지가 있는데 그중 하나는 멜버른과 캔버라, 그리고 시드니의 한인교회 7군데에서 '데이비스의 순교 역사' 라는 주제로 강의를 한 것이다. 두 번째는 호주에서도 역사적인 가치가 있어 보존하고 있는 교회 두 곳을 다녀온 것과 한국에서 사역을 마치고 노년을 보내시는 두 분의 선교사들을 반갑게 뵈었던 것이었다.

호주의 수도 캔버라Canberra에서 브라운(Rev. John P. Brown, 한국명 변조은) 선교사를 만났는데, 74세의 연세에도 건강한 모습이었으며 한국말을 너무나 잘 하시는 바람에 좋은 대화의 시간을 가질 수 있었다.

브라운 선교사는 한국전쟁으로 고통을 받는 한국의 소식을 듣고서 젊은 나이에 선교사로 자원을 하여 1960년 9월에 한국에 오셨다고 한다.

그는 거제도와 경남지방의 교회들을 돌보았고 김해에서는 나병환자 병원에서도 일을 하셨다고 한다. 특히 한국인들의 부족한 먹거리를 해결하기 위하여 안식년을 이용해 호주에 다시 와서, 돼지 다섯 마리와 사아넨Saanen 젖양 11마리를 산 채로 한국에 싣고 온 일도 있었다고 한다. 특별히 경비를 절감하기 위해 40일 간의 긴 항해 기간 동안 직접 가축들에게 사료를 주고 배설물을 치우는 등 당시의 힘들었던 이야기도 들려주셨다. 돼지와 양을 번식시켜서 가난한 농촌에 보급하셨다는 일이 제일

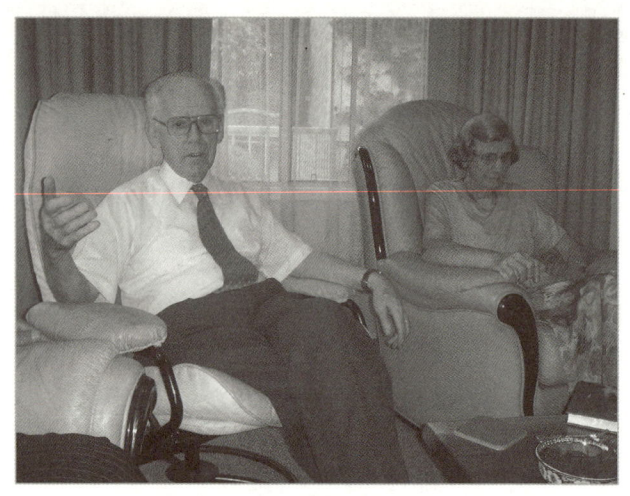

호주의 첫 한인교회를 세운 스튜어트 선교사 부부

기억에 남는데, 한국이 이제는 잘사는 나라가 된 것에 하나님께 감사한다고 하셨다.

브라운 목사는 1972년 호주로 돌아와서 현재 캔버라의 한적한 시골에서 여생을 보내고 있지만, 지금도 한국을 잊을 수가 없어 북한 어린이들에게 결핵약을 보내는 일을 계속하고 있다고 하셨다. 브라운 목사의 귀국은 한국의 호주 선교사 시대의 종결을 의미하는 것이었다.

또 한 분은 시드니의 북쪽에 위치한 뉴캐슬에서 여생을 보내고 계신 84세의 알란 스튜어트(Rev. Alan F. Stuart, 한국명 서두화) 선교사 부부를 만나 뵈었다.

서두화 목사는 선교사의 일을 마치고 1968년 호주에 오셔서 호주 최초의 한인교회인 멜버른한인교회를 1974년에 설립하신 분이셨다. 금번 10일 간의 짧은 여행 중 데이비스의 후배 중에 생존한 두 분을 만난 것은 큰 은혜이며 행운이었다.

필자에게 일어난 행운은 우연히 일어난 것이 아니라 필자의 생각과 한계를 극복하는 하나님의 능력을 받는 기도가 있었기 때문이라고 믿는다.

"기도가 커지면 인생이 커지고 기도가 바뀌면 미래가 바뀌는 것이다."

† 내가 진실로 진실로 너희에게 이르노니 나를 믿는 자는 나의 하는 일을 저도 할 것이요 또한 이보다 큰 것도 하리니 이는 내가 아버지께로 감이니라(요한복음 14:12)

호주의 첫 교회터

시드니Sydney에 머무는 동안 아주 특별한 곳을 찾은 여정의 시간을 가졌다.

1788년 1월 26일 700여 명의 죄수들과 한 분의 목사를 태운 영국의 함대가 시드니항에 닻을 내리는 사건이 있었다. 옛날 우리로 치면 죄인들을 다시는 돌아올 수 없는 곳으로 유배를 보낸 것과 같다. 죄수들과 함께 타고 오신 분은 존슨Rev. Richard Johnson 목사였는데 2월 3일 주일날 죄수들과 함께 호주 대륙에 도착한 후 첫 예배를 드리게 된 것이다.

그 후에 존슨 목사는 창고나 야외에서 예배를 드리다가 1793년 8월 25일 첫 교회당을 짓게 된다. 그러나 교회당은 5년 후에 죄수들에 의하여 불타 버리고 말았으며, 현재 교회당이 있었던 자리에는 '호주 첫 교회터'라는 기념비가 세워져 있었다.

그 기념비에는 **"여호와께서 내게 주신 모든 은혜를 무엇으로 보답할꼬"**(시편 116:12)라는 말씀이 새겨져 있었다. 이 말씀이 바로 1788년 2월 3일 주일날 드려진 첫 예배의 설교 제목이라고 하는데, 기념비를 찾아가려면 시드니 중심지인 캐슬러Castlereach, 블라이Bligh, 헌터Hunter 세 거리가 만나는 모퉁이를 찾으면 된다.

다음에는 호주 첫 장로교회인 에벤에젤 교회를 찾고자 한다.

2 호주 첫 장로교회인 에벤에젤 교회를 찾아

Port Erringhi Rd Ebenezer NSW 2756 ☎ 02-4579-9253

시드니에서 서북쪽 방향으로 69km쯤 달리면 나오는 호주의 첫 장로교회인 에벤에젤Ebenezer 교회로 달려갔다. 시드니에서 약 한 시간 정도의 거리에 있는 유서 깊은 교회이다.

1802년 스코틀랜드에서 이민 온 15명의 교인들이 혹스베리Hawkesbury 강가에 정착을 하면서 이곳의 이름을, **'하나님이 우리를 도우셨다'** (사무엘상 7:12)라는 뜻의 에벤에젤이라고 지은 것이다. 그들은 1809년 학교가 딸린 교회를 건축하였는데 배를 이용하여 돌을 가져다 다듬어 정성껏 지은 예배당이 지금까지 남아 있는 것이다.

현재는 20명도 채 안 되는 성도들이 예배를 드리는 작은 에벤에젤 교회이지만 선조들의 신앙을 기리는 관광객들이 끊이지를 않는다. 교회의 넓은 뜰은 하나님과 교회를 사랑하시던 분들의 공동묘지로 사용되고 있었다.

호주는 오래 전 원주민Aborigines들이 살던 땅에 이주한 영국인들이 하나님께 예배를 드리고 시작한 나라라는 것을 에벤에젤 교회는 오늘에 보여 주고 있는 것이다.

필자는 호주의 데이비스와 영국의 토머스 선교사의 역사를 재발견하고자 하는 의지가 강한 사람이다. 그들은 한국에 복음을 전하려고 왔다가 선교사역에서 아무런 열매를 남기지 못한 분들이다. 그러나 인간의 성공은 이 땅이 아닌 하나님 앞에서 인정을 받는 것이라는 관점에서, 그들의 인생을 선교의 실패자로 보는 데에 필자는 동의를 할 수가 없는 것이다.

미국의 남가주대USC 철학과 달라스 윌라드Dallas Willard 교수는 인간의 공로의식을 철저히 배제하여야 한다고 주장하고 있다. 공로와 업적으로 성공의 유무를 판단하는 것은 우리가 몸담고 사는 세상의 법칙이 아닌가? 그래서 윌라드 박사는 '성공

에벤에젤 교회

은 하나님 앞에서 인정을 받는 것이지 이 땅에서 평가가 되는 것이 아니다' 라고 강조를 한다. 하나님으로부터 '잘하였도다. 내 착하고 충성된 종아' 라는 이야기를 듣는 것이 바로 성공이라는 것이다. 우리는 이런 생각을 가져야 이 땅에서 작은 성공에 자만하지 않으며 작은 실패에도 초연할 수가 있는 것이다.

천국에 가는 기쁨 중 하나는, 우리가 이 땅에서 눈길을 한 번도 주지 않았지만 하나님의 인정을 받은 수많은 성공한 사람들을 만나는 것이다. 데이비스와 토머스를 천국에서 하나님의 인정을 받은 사람들의 모습으로 만날 것을 기대하는 것이다. 독자 여러분도 하나님의 인정을 받는 성공적인 삶을 오늘 살고 있는지요?

†오직 내 종 갈렙은 그 마음이 그들과 달라서 나를 온전히 좇았은즉 그의 갔던 땅으로 내가 그를 인도하여 들이리니 그 자손이 그 땅을 차지하리라(민수기 14:24)

11
기독교 박물관 답사

1_성서세계의 비전을 가꾸는 국제성서박물관
2_역사의 보고寶庫 숭실대학교 한국기독교박물관
3_10만여 점의 자료가 있는 한국기독교역사박물관
4_한국기독교 선교 역사박물관
The Historical Museum of Korean Christian Mission

국제성서박물관

1 성서세계의 비전을 가꾸는 국제성서박물관

인천시 남구 주안 1동 193-3 성서박물관
☎ 032-874-0385

주안감리교회: www.jooan.or.kr

†이 예언의 말씀을 읽는 자와 듣는 자들과 그 가운데 기록記錄한 것을 지키는 자들이 복이 있나니 때가 가까움이라(요한계시록 1:3)

하나님께서 인간에게 3가지의 큰 축복을 주셨는데,

그중 첫째는 아름답고 광대한 우주와 지구를 인류에게 주신 것이다. 둘째는 하나님의 아들, 예수 그리스도를 이 땅에 보내시어 십자가에서 인류의 모든 죄악을 대신 짊어지신 것이다. 이로써 예수님을 믿는 자마다 하나님의 자녀가 되고 영생의 축복을 받게 될 것이다.

세 번째로는 하나님의 말씀인 성경Bible을 인류에게 주신 것이다. 우리는 늘 이 세 가지를 받은 은혜를 생각하며 항상 기뻐하고 범사에 감사하며 살 수가 있는 것이다.

우리는 하나님이 완전히 이루신 천지와 만물을 누리고 사는 것이며, 예수님이 십자가에서 완전히 이루신 은혜를 온전히 누리면서 살고 있는 것이다. 이것이 예수님을 믿는 사람의 축복인 것이다.

세계 역사를 돌아보면 환경적으로 암울하던 개인이나 국가에게 성서聖書가 전해져 개인과 사회에 긍정적인 변화가 일어나는 예는 너무나도 많다.

일제시대 일본에 유학 중이던 김교신(金教臣, 1901~1944)은 일본의 세계적인 신학자이며 무교회주의자인 우찌무라 간조(內村鑑三, 1861~1930)에게서 성경을 배우게 된다.

김교신은 동경사범학교를 마치고 귀국하여 함흥영생여고와 서울의 양정고에서 교편생활을 하다가, 민족을 성서 위에 세우기 위해 『성서조선聖書朝鮮』을 1927년 7월에 창간하여 1942년 3월 통권 158호로 폐간되기까지 성서의 중요성을 민족에게 가르친 분이다. 양정고보 교사시절의 제자 가운데는 베를린 올림픽에서 마라톤으로 금메달을 딴 손기정(孫基禎, 1912~2002) 선수도 있다.

인류 역사는 성서聖書 위에다 인생을 거는 사람이나 단체, 국가는 반드시 하나님의 축복을 받는다는 것을 보여 주고 있다. 대한민국의 앞날도 국민들이 성서를 읽고 지켜 행하는 일에 달려 있다고 하여도 과언이 아닌 것이다. 한국교회가 꿈꾸는 대한민국은 '성서한국聖書韓國', '통일한국統一韓國', '선교강국宣教强國'이다.

오늘은 한국에 있는 기독교 박물관 중에 세계에 자랑할 만한 '국제성서박물관'을 찾고자 한다. 국제성서박물관을 찾기 전에 세계 구석구석에 성서를 보급하는 일을 하는 '대한성서공회'를 먼저 찾았다.

대한성서공회 내의 자료관

매년 세계에 400만 부의 성경을 보급하는 '대한성서공회'

서울 양재동 사거리에 있는 외교안보연구원 건물 맞은편에 '대한성서공회'가 있다.

성서공회를 책임지고 있는 서원석 장로, 민영진, 호재민 목사에게 다양한 이야기를 들으며 참으로 중요한 사실들을 알게 되었다. 그것은 주님의 세계선교 전략은 성서의 보급과 교회의 설립이라는 커다란 두 줄기로 이어지고 있다는 것이다.

"1895년에 '대영성서공회 조선지부'로 설립된 대한성서공회는 현재 109개국, 135개국의 언어로 성서를 발간하여 보급을 하고 있습니다. 그런데 세계성서공회들 중 가장 싼 비용으로 발간하고 있기에 세계성경제작센터로 인정을 받고 있습니다."

16년째 근무를 하고 있는 호재민 목사의 말씀이다.

조선 선교를 위한 성서보급 역사의 시작은, 1863년 스코틀랜드성서공회The National Bible Society of Scotland의 중국지부 총무인 윌리엄슨A. Williamson이 한문 성경을 조선에 보급하려는 다양한 시도였다. 윌리엄슨은 1865년에 조선 선교를 희망하는 토머스에게 한문 성경을 주어 성서공회 직원 자격으로 조선의 서해안을 방문하게 하였다.

그리고 윌리엄슨은 1872년 스코틀랜드연합장로교회에서 파송한 로스(John Ross,

1842~1915) 선교사에게, 자신이 조선에 보낸 토머스가 1866년에 한문 성경을 조선에 보급하고 순교한 사실을 전하여 주었다. 이에 감동한 로스는 아시아의 마지막 땅, 은둔국 조선에 복음의 문을 여는 것은 주님의 명령이라는 결단을 하였다. 그리하여 로스는 만주와 조선의 국경인 고려문에 와서 조선에 성경을 번역하여 보급할 인물을 찾기 시작한 것이다.

로스가 주님의 섭리로 이응찬을 처음 만나 성서를 번역하기 시작한 때가 1877년이었다. 이어 백홍준, 서상륜, 서경조 형제 등을 만나 번역작업이 계속되어, 1883년에 '누가복음'과 1887년에 『예수성교젼서』가 완전히 번역이 되었다. 이렇게 오랜 세월 힘들게 번역된 한글 성경인 로스역본을 가지고 백홍준, 서상륜, 서경조 등에 의하여 조선 땅에 목숨을 건 보급이 시작되었다.

조선 선교의 특징은 해외의 선교사들이 오기 전에 이미 중국 심양에서 로스에 의해 번역된 한글 성경이 전국에 권서(성서판매와 전도자)들에 의하여 보급되어 있었다는 것이다.

우리는 9,000km나 떨어진 생소한 나라의 스코틀랜드성서공회NBSS가 조선에 아무런 대가 없이 성경을 보급한 공을 기억해야 할 것이다. 이런 다양한 성경 발간의 역사를 한 번에 볼 수 있는 곳이 바로 오늘 찾으려는 '국제성서박물관' 이다.

시공時空을 초월한 성경 희귀본이 가득한 곳

인천 주안감리교회 소속으로 되어 있는 국제성서박물관은 교회의 원로목사이신 한경수 관장이 55년 간 90여 개국을 다니며 모으신 희귀한 성서들로 가득 차 있는 곳이다.

이 성서의 세계에 들어오면 누구나 커다란 감동을 받으며, 누가 무어라고 해도 이곳에 들리면 한국이 선교강국이라는 말에 공감을 하게 되어 있다.

† 모든 성경은 하나님의 감동으로 된 것으로 교훈과 책망과 바르게 함과 의로

박물관 내부에는 각종 성경들로 가득 차 있다.

교육하기에 유익하니 이는 하나님의 사람으로 온전케 하며 모든 선한 일을 행하기에 온전케 하려 함이니라(디모데후서 3:16-17)

박물관은 5층에 있는데 엘리베이터와 바로 연결이 된 내부로 들어서면 수많은 희귀본 성서들이 눈에 들어 오면서 순간에 숨이 멎는 듯하다. 특히 BC 1세기에 쓰여져 1947년 쿰란동굴에서 발견된 두루마리 '사해사본' 성경은 길이가 약 9m라고 하는데, 발견 당시 사본 두루마리가 들어 있던 항아리와 함께 전시되어 있다.

이 성경은 독일의 구텐베르크(Johannes Gutenberg, 1397~1468)가 금속활자를 처음 발명한 후 1456년에 찍은 초본성경으로 전세계에 48권만 남아 있다고 한

두루마리 성경(BC 1세기)

다. 이 귀한 성경은 1990년 미국의 고고학자인 故 데이비드 웨이크필드 박사가 기증한 것으로 아시아에서는 이곳밖에 없다고 한다. 세상의 가격으로는 따지기 어려운 가치가 있는 성경이라고 한다.

1611년에 쓰여진 한글 성경의 원본격인 킹 제임스 성경도 보관되어 있으며, 한글 성경 중에 가장 오래된 『예수성교젼서』는 1882년 판으로 스코틀랜드 선교사인 로스가 서상륜의 도움을 받아 중국 심양의 동관교회에서 만든 것으로 역시 보관되어 있다.

세계에 얼마 남지 않은 1521년에 만들어진 루터성경도 이곳에서 볼 수가 있다.

국제성서박물관에는 모두 1만 7천여 점의 자료들이 있다는데, 한경수 관장께서 1953년부터 지금까지 정성

로스성경

11. 기독교 박물관 답사 249

루터성경

으로 모은 것들이다. 세계적인 성서박물관을 한국에 허락하신 것은 하나님의 각별한 은혜이며 우리 민족을 향하신 하나님의 사랑이라고 생각을 한다.

매년 2만여 명이 방문을 한다는 국제성서박물관은 자라나는 후대들이 꼭 들려야 하는 곳이며 성서를 체계적으로 연구하는 학자들에게는 필수의 답사 코스라는 생각을 한다.

하나님! 감사합니다! 한국 민족을 사랑하시어 선교강국이 되게 하신 것을 감사드립니다. 우리 민족이 성경을 사랑하고 늘 성경을 옆에 두고 읽고 실천하는 민족이 되게 하소서!

특히 정치, 경제, 교육, 사회, 군사, 시민단체 등의 모든 리더들이 성경을 읽고 성령의 감동을 받아 모세와 여호수아와 갈렙과 같은 지도력을 발휘하여 통일한국을 이루게 하소서! 아멘.

다음은 국내 최대의 기독교 박물관이 있는 숭실대학교를 찾고자 한다.

숭실대학교 한국기독교박물관

2 역사의 보고寶庫 숭실대학교 한국기독교박물관

서울 동작구 상도동 511 ☎ 02-8200-114
www.ssu.ac.kr

† 의를 좇으며 여호와를 찾아 구하는 너희는 나를 들을찌어다 너희를 떠낸 반석과 너희를 파낸 우묵한 구덩이를 생각하여 보라(이사야 51:1)

한국의 첫 대학, 숭실대학교의 역사

한국 민족은 세계 어떤 민족들 못지않게 위대한 문화

유산을 가지고 있지만 그들 중 대부분은 불교 문화재가 차지하고 있다. 우리 선조들의 위대한 문화유산들은 그 동안 수많은 전쟁 등으로 인하여 소실되고 전승되지 않은 것들이 너무나도 많다. 훌륭한 인물들과 유적들을 후손인 우리들이 의미를 가꾸고 보존하여야 우리 자신을 위대한 민족으로 세계에 자랑할 수가 있는 것이다.

학교일로 바쁜 가운데 시간을 내어 고대古代로부터 현대에 이르기까지 가장 광범위한 기독교 역사자료들을 보관하고 있는 '한국기독교박물관'을 탐방하기로 했다.

토머스 칼라일(Thomas Carlyle, 1795~1881)은 "역사를 통하여 교훈을 얻지 못하는 민족은 실패의 역사를 되풀이할 수밖에 없다"라고 말한 바 있다.

한국기독교박물관은 숭실대학교 교내에 있는데 서울지하철 2호선의 낙성대역에서 내려 숭실대학교 후문을 경유하는 마을버스를 이용하면 쉽게 갈 수가 있다.

학교 정문에 들어서니 대학캠퍼스엔 활기가 넘쳤고 정원에는 설립자이신 베어드(W.M. Baird, 한국명 배위량) 선교사와 한경직 목사의 흉상이 있어 역사적인 대학 캠퍼스라는 무게를 느끼게 한다.

배위량 선교사는 누구인가?

배위량 선교사는 1891년 제물포항을 통하여 한국에 와서 부산지역에서 선교를 시작하여 부산 최초의 교회 초량교회를 세웠으며, 1893년에는 대구지역에도 최초로 복음을 전한 분이다.

베어드는 1897년에 평양으로 파송되어 선교 목적의 사랑방학교를 세웠으며, 후에 사랑방학교는 1901년에 '숭실학당'으로 개칭되었다. 배위량은 학당장으로 있으면서 1906년에 감리교와 연합으로 운영하면서 '합성숭실대학'으로 개칭을 하였다.

숭실학당은 평양 주민들의 헌금으로 1897년에 평양에 세워졌는데, 여기가 바로 암울하던 일제시대 사회의 리더들을 배출한 한국 최초의 근대 대학이었다.

숭실학당 졸업생들은 3·1 독립운동 당시 민족대표로 참여를 했고, 국내와 중국에 전도단을 보내어 우매한 동포들에게 빛 되시고 생명이신 예수 그리스도를 전하는 일을 하였다. 특히 숭실학당은 1938년 3월 일제의 신사참배 강요에 항거하여 자진 폐교하였는데, 이 때문에 해방 후 1954년 5월에 서울에 재건되기까지 16년 간의 학교 역사의 공백이 있다.

서울에 숭실대학교를 재건하는 데 큰 공헌을 한 분은 졸업생인 영락교회의 고 한경직(韓景職, 1902~2000) 목사이다. 숭실대는 한 목사의 업적을 기리기 위하여 '한경직 기념관'을 짓고 그 안에 박물관을 운영하고 있다.

하나님께서 숭실대학교에 기독교박물관을 주신 이유는 바로 신앙의 절개를 지킨 학교의 전통에 대한 상급이라고 생각한다. 현재 총장으로 계신 이효계 장로도 믿음의 집안에서 자란 분으로 한푼의 봉급도 받지 않고 학교를 위하여 봉사하고 있다.

기독교박물관 돌아보기

설립자인 베어드의 유품전시회가 열리고 있는 기독교박물관(서울시 동작구 상도동 511 전화 02-820-0752) 입구에 들어서니, 박물관의 설립자인 김양선(金良善, 1907~1970) 교수(숭실대 사학과)의 흉상이 반갑게 맞이하여 주었다. 이분은 북한에서 나올 때 그 동안 모은 3,500여 점의 자료들을 갖고 와 남산에 있던 일제의 조선신궁神宮 자리에 한국기독교박물관을 세웠다. 사학과 교수로 계시다가 세상을 떠나시기 전에 이 자료들을 모두 숭실대학교에 기증하신 것이다.

현재 박물관의 소장품들을 보면 소장된 청동기 문화재들은 국내에서는 최대이며, 3·1 운동 당시의 독립선언서를 비롯한 안중근 의사의 친필 글씨(보물 제569호), 청동다뉴세문경(국보 제141호), 석제 청동기(국보 제231호) 등이 소장되어 있다.

기독교 역사유물로는 순한글로 된 최초의 성경인 『제자행적』과 미국 성서공회가 한국 선교를 위하여 번역한 성서—언더우드 선교사와 아펜젤러 선교사가 가지고 들어왔던 『마가복음서 언해』—등이 눈에 띄었다.

특히 눈에 띄는 것은 경주慶州에서 발견된 통일신라시대(7~8세기경)의 십자가 무늬 장식과 불국사에서 출토된 돌십자가였다. 이는 당시 불교 국가였던 신라에도 기독교의 분파인 경교景敎가 이미 당나라를 통해 전래된 것이 아닌가 하는 생각을 갖게 하는 유물들이다.

이번 방문을 한국 기독교 역사의 전체 흐름을 읽는 기회로 삼고자 박물관 자료실의 글을 옮겨 싣는다.

"한국 기독교의 초기 역사는 기독교의 일파인 경교景敎Nestorianism로부터 시작한다. 7세기 중국에 전래되어 크게 융성했던 경교가 당시 당唐과 활발히 교류했던 통일신라에도 유입되었을 것으로 추정된다.

한국 천주교는 18세기 말 서학에 대한 학문적 관심에 머무르지 않고 천주교 신앙까지 수용하려는 학자들에 의해 성장하기 시작하였다. 초기 천주교 신봉자들은 외국인 신부가 입국하기 전에 이미 조선천주교회를 설립하여 자생적인 신앙기반을 마련하였다.

그러나 조선정부의 탄압으로 인해 한불조약(1886년)으로 신앙의 자유를 얻기까지 약 100여 년 동안 크고 작은 박해가 끊이지 않았다.

한국 개신교 역시 외국인 선교사에 의한 일방적인 선교가 아니라 그들이 들어오기 전에 이미 자체적으로 신앙공동체를 건설하고 성경을 한글로 번역하는 등의 자발적인 참여 속에서 성장하였다. 이러한 한국 기독교의 성장은 개화운동 및 민족운동과 결부되면서 한국사회의 근대화에 이바지하였다.

한국기독교역사실에는 경주 불국사 안에서 발견된 돌십자가 등 경교 전래 가능성을 보여 주는 유물들을 비롯하여 초기 천주교 교리서와 신앙서적, 박해 관련자료 등을 전시하여 천주교의 수용과 성장과정을 이해할 수 있도록 하였다.

그리고 한국 개신교의 수용 및 발전상을 살펴볼 수 있도록 초기 성경을 비롯하여 각종 찬송가와 외국선교사 관련유물, 일제하 한국교회와 신앙운동 관련유물을 전시하여 한국근대사에서 개신교의 발전 흐름을 이해할 수 있도록 하였다."〈박물관 자료실에서 발췌〉

한국기독교박물관을 보면서 오늘 우리가 예수를 믿어 구원을 받고 신앙생활을 하고 있는 것은, 그 동안 많은 사람들의 희생이 있었기에 가능하다는 사실을 배우게 된다.

개인과 국가의 오늘과 미래에 엄청난 도전들이 기다리고 있다. 우리는 하나님의 지혜와 총명과 모략과, 재능과 지식을 얻는 길은 성경밖에 없다는 것을 알아야 한다. 늘 성경을 읽고 듣고 묵상하고, 입으로 시인하고 말씀에 따라 살면 하나님이 항상 같이 하시고 하나님의 평탄과 형통이 따라오는 것이다.

다음은 경기도 이천에 세워진 '한국기독교역사박물관'을 찾고자 한다.

한국기독교역사박물관

3. 10만여 점의 자료가 있는 한국기독교역사박물관

경기도 이천시 대월면 초지 1리 474-2
☎ 031-632-1391 www.kchmuseum.org

† 우리는 구원 얻은 자들에게나 망하는 자들에게나 하나님 앞에서 그리스도의 향기니 이 사람에게는 사망으로 좇아 사망에 이르는 냄새요 저 사람에게는 생명으로 좇아 생명에 이르는 냄새라 누가 이것을 감당하리요 (고린도후서 2:15-16)

한국교회의 역사 자료를 가장 많이 전시, 보관하고

있는 한국기독교역사박물관을 찾은 날은 유난히도 더웠던 8월 초순 피서철의 한중간이었다.

박물관이 있는 이천을 가기 위해 들어선 영동고속도로가 피서차량으로 인하여 하도 막혀 국도로 우회하려다가, 오히려 고생은 고생대로 하고 시간은 시간대로 더 걸린 힘든 여행길이었다. 이천 대월면에 있는 박물관을 찾기는 쉽지가 않았는데, 부근에 있는 한나요양원을 찾으면 쉽게 접근이 가능하다.

박물관에 도착하니 한복을 잘 차려 입으신 멋쟁이 관장 한영제 장로께서 반갑게 맞아 주셨다. 한 장로는 2008년 8월 11일 83세의 연세로 하나님 나라로 가셨다. 평북 구성 출신의 한 장로는 평생 믿음과 사명, 그리고 희망으로 절망을 이긴 분이다.

필자는 답사 당시 한영제 장로를 보는 순간에 '저런 모습으로 나이를 먹어야 하는데' 라는 생각을 하였다. 연세는 80대지만 사명을 놓치지 않는 한 장로를 보면서 진정한 청년이라고 생각을 한다.

'길은 있기도 하고 없기도 하다. 사람이 다니면 길은 생기지만 다니지 않으면 길은 없어진다' 는 말이 있다.

희망은 있기도 하고 없기도 한 것이지만, 사람이 희망을 가지면 있고 포기하면 희망은 없다!

필자는 1987년 1월 오산리 금식기도원에서 열린 '교육자 금식수련회' 에서 성령체험을 하고 '학교에 신앙교육을 부흥시키자' 라는 비전을 가지게 되었다. 이 비전을 받는 순간부터 어둡던 우울증이 사라지고 지금껏 주님의 사명을 감당하고 있는 것이다. 이 비전과 희망이 오늘날 필자의 삶을 이끌고 있기에 많은 분들이, 하물며 가족까지도 이해를 못하는 인생의 길을 가고 있는 것이다.

† 성문으로 나아가라 나아가라 백성의 길을 예비하라 대로를 수축하고 수축하라 돌을 제하라 만민을 위하며 기旗를 들라 (이사야 62:10)

2008년에 소천하신 한영제 관장과 함께.

한영제 관장과 기독교역사박물관

한국기독교역사박물관의 탄생은 1955년 5월로 거슬러 올라가는데, 북한에서 피난을 나온 사람들이 중심이 되어 세운 대구 평복교회의 이성호 목사와 한영제 장로 등은 문서선교를 위하여 '기독교문사'라는 출판사를 차리게 된다.

몇 년 만에 '기독교문사'는 적자운영으로 문을 닫았다가 5·16 후에 종로에서 재기, 우수한 기독교 서적들을 편찬하여 국내외에 큰 호응을 받게 되었다.

특히 한국기독교선교 100주년을 맞이하여 발간한 『기독교대백과사전』 16권은 많은 호평을 받았다고 한다.

한영제 장로는 이 책들을 편찬하는 과정에서 참고하기 위하여 구입한 각종 서류와 책자 그리고 향토사 관련의 귀중한 자료들이 모아졌다고 하셨다. 한 장로는 이 자료들을 한국교회 모두의 자산으로 만들려고 2001년 11월 30일, 현 위치에 3층의 건물을 짓고 '한국기독교역사박물관'을 개관하게 된 것이라고 하셨다.

한국기독교역사박물관 내부

어떤 자료들이 있으며, 어떤 일들을 하는 곳인가?

박물관은 3층으로 수장고와 전시실, 연구실 등을 갖추고 있으며, 해방 전에 출판된 기독교 관련 문헌 5,000점을 비롯하여 각종 기독교관련 출판물과 사진자료, 필름, 레코드판 등 10만 점 가까운 자료들을 소장하고 있다.

한 장로가 누구도 돌보지 않던 각종 기독교 역사 자료들을 모으셨기 때문에 이렇게 귀중한 자료들을 우리의 후손들에게 물려주게 된 것이다. 박물관에서는 개신교 초기의 해외 선교사인 알렌과 언더우드 그리고 게일의 저서들을 직접 볼 수가 있었다.

언더우드 부친의 회사에서 1910년대에 제작된 '언더

한국기독교역사박물관은 각종 기독교관련 출판물과 사진자료, 필름, 레코드판 등 10만 점 가까운 자료들을 소장하고 있다.

우드 타자기'를 보고서 언더우드Horace G. Underwood가 1885년부터 한국에 와서 많은 일을 하는 데 필요한 자금이 어떻게 조달되었는지 이해가 되었다.

언더우드 타자기 회사에서는 1930년대에 한글타자기도 처음으로 개발하였으며, 이 회사 덕에 해외 선교사들이 타자기로 일을 많이 하였고 우리나라에 타자기 문화가 일찍 전파된 동기가 되었다고 한다.

박물관에서는 2001년부터 테마를 갖고 전시회를 정기적으로 개최하고 있는데, 1회 때는 '기독교와 한글', 2회 때는 '두고 온 교회, 돌아갈 고향'의 주제로 북한교회의 역사 전시회를 가졌다고 한다. 이때 발간된 책인 『북한교회 역사자료집』을 집에 와서 곰곰이 살펴보니, 북한이 공산화되기 이전의 옛 교회들과 기독교 관련기

언더우드 타자기

관의 건물들이 사진 속에서 되살아나고 있었다.

필자는 꿈을 꾸듯 북녘의 산하에 그렇게 아름답고 웅장한 교회들이 있었다는 데 큰 감동을 받았다.

현재 북한의 성경과 교회

북한의 모든 교회가 해방 후에 파괴되고 지금은 칠곡교회를 비롯한 몇 개의 교회만이 서 있다는 것만이 알려져 있을 뿐이다. 2002년 7월에 일본에서 조선그리스도연맹 위원장인 강영섭 목사가 한 이야기에는 북한에 1만천 명의 성도와 50여 명의 목사, 그리고 500여 곳의 가정교회가 있다고 한다.

그러면 북한에서 만든 성경이 있을까? 아주 궁금한 이야기이다.

대한성서공회의 민영진 목사에 의하면 한국에서 1977년 개신교와 가톨릭이 함께 만든 '공동번역성서'를 참고해 제작한 평양교정본이 있다는 것이다. 북한에서 1980년 전후에 만든 '공동번역본 평양교정본'은 한국의 성경을 북한의 맞춤법을 적용해 다시 만들었지만 내용은 같은 성경이라는 것이다.

이런 평양교정본을 만든 사람은 누구인가? 바로 이영태李榮泰라는 사람이다.

이영태는 평양 숭실학교 출신으로 1892년 조선에 와서 1937년 귀국할 때까지 45년 간 우리말 성서를 번역하고 평양신학교에서 강의를 하던 레이놀즈(W.D. Reynolds, 한국명 이눌서)의 비서 일을 하던 분이라는 것이다.

하나님께서 북한 땅에 믿음으로 기도하는 사람들과 이영태 같은 성서 번역자를 남기셔서 변질되지 않은 북한 성경을 만드신 것에 감사를 해야 하는 것이다. 더 나아가 이번에 파악한 사실은, 이영태의 조부는 바로 1866년 제너럴셔먼호를 타고 대동강을 통해 복음을 전하려다 순교한 토머스가 던져 준 성경을 받아 기독교인이 된 분들 중 한 사람의 조카라고 한다.

북한에도 교회의 역사와 기도가 뿌리로 남아 있기에 줄기가 돋고 잎이 나서 열매가 맺히는 때가 반드시 있을 것이다. 나라 없이 떠돌던 유대인들이 무엇으로, 어떻게

2,000여 년의 세월을 건너서 2차 세계대전 후에 이스라엘이라는 나라를 다시 회복할 수 있었을까? 그것은 구약에 하나님이 그들의 조상 아브라함에게 약속하신 가나안 땅을 언제나, 어디서나 기억하고 가르친 신앙교육의 힘이라고 생각을 한다.

한국기독교역사박물관 건물은 외진 곳에 있지만 한국교회의 뿌리이기에 중요한 기관임에 틀림이 없다. 박물관에서는 2007년, 북한의 무너진 교회들이 주님의 은혜로 다시 부활이 되기를 바라는 마음으로 'ㄱ'자 예배당인 장대현교회를 복원하여 놓았다.

시간관계로 박물관에서 발간한 책자들을 구입하고 한영제 관장님과 기념사진을 찍는 것으로 오늘 답사를 마쳤다. 많은 분들이 한국기독교역사박물관을 방문하여 한국교회의 뿌리를 확인하고 기도하는 시간을 갖기를 간절히 바라는 마음이다.

다음은 전남 순천시에 있는 선교 역사박물관을 찾고자 한다.

순천중앙교회

4 한국기독교 선교 역사박물관
The Historical Museum of Korean Christian Mission

전남 순천 매곡동 144-2 ☎ 061-753-2976
순천중앙교회: www.scjungang.com

　순천중앙교회의 바로 뒤편에는 '한국기독교 선교 역사박물관'이 있으며, 박물관의 위쪽 약간 높은 지대에는 100년의 역사를 자랑하는 매산학원의 학교들이 모여 있다. 참으로 많은 인재를 배출한 전통의 미션학교

순천기독진료소

들이다.

　순천시 매곡동에 위치한 선교 역사박물관은 큰 규모는 아니지만 전시된 194점의 역사자료들은 상당한 가치가 있는 것들이다.

　기독교진료소 2, 3층에 자리잡고 있는 박물관에는 구한말부터의 기독교 선교현장을 담은 사진과 외국 선교사들이 서방세계에 한국을 소개하기 위해 제작한 달력 등의 많은 선교자료들이 전시돼 있다. 또한 휴 린튼 선교사 등 외국 선교사들이 사용했던 생활도구가 그대로 보존되어 있는데 그중 이곳에 전시된 타자기는 1920년 광주지역의 선교사들이 사용하던 것이다. 고종이 기증한 부채도 눈에 띤다.

　1층에는 순천기독진료소가 자리잡고 있는데 이곳은

박물관 뜰에 세워진 선교 기념비들

선교를 위해 물심양면 애쓴 조지 와츠를 기념하기 위해 1925년 건립된 건물로, 휴 린튼 선교사 부인이 결핵 환자들을 위해 1960년에 세운 작고 아담한 이 진료소는 사랑의 손길을 지금껏 전하고 있다.

박물관의 앞마당에는 'ㄱ' 자로 늘어선 10개의 기념비들이 세워져 있다. 이 지역의 선교에 공이 큰 고라복, 조지 와츠, 변요한, 휴 린튼 등의 선교사들을 기리는 기념비들이다. 특히 눈에 띄는 것은 '원탁회 기념비'로, 일제시대 신사참배를 반대하던 박용희 목사와 15분이 투옥되어 고문과 순교의 수난을 당한 것을 기리는 기념비이다.

박물관과 인연이 깊은 휴 린튼의 생애

전남지방 선교의 선구자인 유진 벨Rev. Bell Eugene의 외손자이고, 대전 한남대학을 설립한 인돈 박사Dr. William Linton의 3남인 휴 린튼(Rev. Hugh Linton, 한국명 인휴)은 어떤 사람인가?

군산에서 태어나 한국에서 자란 그는 1954년 순천 선교부에 부임하여 1970년 등대선교회를 창립하였고, 진주, 목포 등에 600여 농촌교회를 개척하였으며 전국적으로 교회개척을 위해 1,181개의 후보지를 발굴하였다.

선교 기념비 앞에서.

그는 1984년 4월 10일 교회신축을 위해 자재를 싣고 운전하다가 자동차 사고로 하늘나라에 가셨다. 사고 후에 병실까지 걸어서 가셨지만 출혈이 많아 돌아가셨다고 한다. 아들인 인요한은 구급차가 없어 돌아가신 부친의 죽음을 늘 아쉬워 하다가 순천에 구급차를 기증하기도 하였다.

등대선교회에서는 인휴 선교사를 기리는 기념교회를 건축하기 위하여 추진하였으나 실현되지 못하다가, 20여 년이 지난 후에야 그 결실로 '한국기독교 선교 역사박물관'이 세워지게 된 것이다. 휴 린튼을 비롯한 해외 선교사들이 심어 준 믿음이 우리에게 계승되어, 민족적인 역경들을 승리로 이끌어온 신앙선조들의 신앙과 애국적인 전통을 선교박물관에서 한눈에 볼 수가 있는 것이다.

다음은 농촌 계몽에 앞장섰던 신앙 선조들의 자취를 찾고자 한다.

12
농촌계몽운동 유적지

1_최용신 선생의 상록수常綠樹가 있는 샘골교회
2_에덴의 이상촌理想村, 김용기 선생의 가나안 농군학교

샘골교회와 기념관

1 최용신 선생의 상록수常綠樹가 있는 샘골교회

경기도 안산시 상록구 해빛나길 56(본오 3동 879-4)
☎ 031-407-0023

†보라 내가 새 일을 행하리니 이제 나타낼 것이라 너희가 그것을 알지 못하겠느냐 정녕히 내가 광야에 길과 사막에 강을 내리니 장차 들짐승 곧 시랑과 및 타조도 나를 존경할 것은 내가 광야에 물들을, 사막에 강들을 내어 내 백성, 나의 택한 자로 마시게 할 것임이라(이사야 43:19-20)

우리나라는 우상偶像을 섬기며 살던 때 가난과 전쟁으로 얼룩진 세월을 보내다, 하나님의 은혜로 100여 년 전에 복음이 들어와 학교와 교회들이 세워지면서 기독교적 문화와 가치관으로 변화되고 있다.

개인이나 국가의 번영은 인간의 노력으로만 되는 것이 아니고 어떤 종교를 믿으며 어떤 가치관을 갖고 사느냐가 매우 중요한 영향을 미치는 것이다. 이런 상황은 세계지도를 펴고 경제적으로 번영하는 국가와 가난한 나라들의 종교를 비교하여 보면 알 수가 있는 것이다.

오늘은 일제시대에 나라를 잃고 어찌할 바를 모르던 시기에, 하나님의 말씀을 듣고 농촌계몽운동에 생애를 바치신 최용신(崔容信, 1909~1935)의 사역지였던 경기도 안산시 본오동의 샘골교회를 찾고자 한다.

마침 2007년 7월 3일은 샘골교회 창립 100주년을 맞는 날, 이름도 한국적인 상록수의 고향 샘골교회를 찾았다.

안산행 4호선 전철을 이용하여 상록수常綠樹역에서 내려 20여 분 걸어가니 상록공원 안에 샘골교회가 나타났다. 샘골교회 앞에 60여 년이 넘도록 자라는 향나무의 영향으로 심훈이 쓴 〈상록수〉라는 이름의 농촌소설이 탄생하게 된 것이다.

최용신과 상록수는 어떤 관계가 있는 것인가?

상록공원에는 1907년 7월에 세워진 샘골교회(옛날에는 천곡교회)가 있으며, 최용신 선생의 어록語錄들이 돌에 새겨져 있다.

어록의 기념비에 새겨진 글은 우리에게 영원한 교훈이 되는 말씀이기에 적어 본다.

겨레의 후손들아!

    위대한 사람이 되는 네 가지 요소가 있나니
    첫째는 가난의 훈련이요
    둘째는 어진 어머니의 교육이요
    셋째는 청소년 시절에 받은 감동이요

넷째는 위인의 전기를 많이 읽고 분발함이라.
그리고 아는 것이 힘이다. 배워야 산다.

최용신은 1909년 함경남도 원산에서 태어나서 원산 루씨여자고등보통학교를 거쳐 감리교 협성여자신학교를 다니다 귀한 한 분의 스승을 만나게 된다. 그분이 바로 황애덕(황에스더) 교수인데, 당시에 '송죽회'라는 여성비밀결사단체와 '대한민국애국부인회'를 조직하여 독립운동을 하시던 분이었다.

최용신은 황 교수와 함께 황해도 용현리와 포항 옥마동에서 농촌실습을 하다가 농촌계몽운동을 통하여 독립운동에 생애를 바치기로 결심을 하게 된다. 그녀는 당시의 배울 기회를 잃은 농민들을 문맹文盲상태로 방치하면 독립은 영원히 영원히 어렵다고 생각을 한 것이었다.

그 결심은 1931년 대한 YWCA의 파송을 받아 안산에 있는 천곡교회에 부임하여 약 3년 4개월 동안 혼신魂神의 힘을 다하여 민족교육에 힘을 쏟는 것으로 구체화되었다.

최용신은 집집마다 다니며, "자녀들에게 열심히 공부시켜서 나라를 찾고 잘사는 나라를 만들 수 있다"고 호소를 하였다. 처음에는 전혀 반응을 보이지 않던 주민들은 최용신이 교회와 학교일 이외에도 밤낮을 가리지 않고 동네의 모든 일을 돕는 것을 보고서야 마음을 열고 자녀들을 최용신에게 맡기기 시작했다.

낮에는 40여 명 정도의 아이들에게 공부를 가르치고 밤에는 부녀자들을 모아 한글을 가르치는 등 그녀의 희생적인 노력의 결과로 천곡교회와 천곡학원이 동시에 발전을 하게 되었다.

이런 최용신의 활동을 그냥 보고 넘길 일제는 아니어서 그들은 갖가지 방법을 동원하여 탄압을 가하였다. 그럴수록 최용신은 하나님이 자신을 이곳에 보내셨다는 믿음을 가지고 담대하게 일을 추진하였고, 더욱 학생들이 늘어나 1933년 1월 15일에 천곡학원을 크게 신축하였다.

최용신은 주로 역사와 한글 그리고 성경을 가르치면서 신앙과 애국심을 고취하였고, 동화시간에는 모세, 다윗, 에스더의 이야기를, 자수刺繡시간에는 한국지도를 무궁화 꽃으로 수놓는 수업을 하였다.

1934년 3월 최용신은 부족한 공부를 하기 위하여 일본의 고베여자신학교(현 세화대학교) 사회사업과에 입학하였다. 그 곳에는 이미 오빠와 동생이 공부하고 있었고, 어린 시절 부모가 짝을 지어 준 약혼자 김학준도 공부를 하고 있었다. 최용신은 고베에서 공부하다가 천곡교회에서 사역을 할 때의 피로와 누적된 영양실조로 공부를 포기하고 6개월 만에 다시 천곡교회로 돌아오게 되었다. 그리고 1935년 1월 23일 수원도립병원에서 장중첩증으로 수술을 받았고 그 후유증으로 25년 6개월의 짧은 생애를 마쳤는데, 지금은 아무것도 아닌 수술이었기에 안타까운 마음이다.

최용신은 그녀의 마지막 소원대로 천곡교회의 종소리가 들리는 교회 가까운 곳에 잠들어 있다.

역사가 문학을 만나야 하는 이유는 무엇인가?

최용신의 이야기는 심훈이라는 근대 농촌소설의 개척자를 만나면서 우리에게 더욱더 큰 감동으로 영향을 주고 있다.

심훈의 〈상록수〉는 동아일보 창간 15주년 현상모집에 당선된 작품으로 꽃다운 나이에 꿈을 이루지 못하고 떠난 최용신의 이야기를 다룬 소설이다. 이 소설은 영화로 다시 창조되어 많은 사람들의 눈물을 자아내기도 하였다. 역사는 문학가의 상상력을 통하여 새로운 힘을 얻어 오늘에 부활이 가능하여지는 것이다.

역사 속에서 태어난 모든 사람들을 둘로 나눌 수가 있는데, 하나는 예수 그리스도를 짧은 33년의 삶을 통하여 인류의 죄를 담당하는 하나님의 뜻을 이루시고 십자가에서 돌아가신 분으로 믿는 사람이고, 다른 하나는 아버지 없이 태어나 스스로 하나님의 아들이라고 사칭하다가 유대인들에게 사형당한 한 젊은이로 보는 관점을 가진 사람이다.

예수 그리스도가 하나님의 아들로 믿어지는 것은 사람의 노력을 초월한 성령이 하

최용신과 김학준의 묘지가 나란히 누워 있다.

나님의 은혜로 임한 증거인 것이다.

상록공원 안의 최용신의 무덤 곁에는 네모난 무덤이 하나 있는데, 비문에 김학준 장로라고 되어 있다. 최용신은 숨을 몰아쉬며 "나의 죽음을 아무에게도 알리지 마세요. 제가 사실은 올해로 약혼을 한 지 10년이 되는데, 올 4월부터 그분과 같이 힘을 모아 농촌을 위해 일하자고 굳게 약속했어요. 그런데 이대로 떠나 그분께 대단히 미안합니다"라는 유언을 남기셨다. 김학준은 조선대 교수를 지내다가 1975년에 최용신의 곁에 묻혔는데, 두 분의 묘역은 안산문화유적지 18호로 지정되어 있다.

최용신의 장례식 날, 학생과 학부형, 전보를 받고 급히 온 약혼자 등 많은 사람들이 아이처럼 울었다고 하는데, 하관식 때 김학준은 자신의 코트를 벗어 관과 함께 묻었다고 한다.

정부는 1995년 광복 50주년을 기하여 최용신 선생의 공로를 인정하여 건국애족장을 추서追敍하였다.

샘골교회도 매년 농촌계몽에 애쓰시는 분을 선발하여 '용신상'을 주고 있으며, 2007년 11월 20일 선생의 제자인 홍석필을 중심으로 '최용신기념관'을 공원 안에 세워 1층에는 전시실과 영상실, 2층에는 사무실과 교육실을 만들어 그분의 정신을 기리고 있다.

농군학교

2 에덴의 이상촌理想村, 김용기 선생의 가나안 농군학교

제1농군학교: 경기도 하남시 풍산동 산 52-2
☎ 031-793-6152

제2농군학교: 강원도 원주시 신림동 용암리
☎ 033-762-5090

www.wcm.or.kr

일가재단: www.ilga.or.kr

† 우리가 너희와 함께 있을 때에도 너희에게
명하기를 누구든지 일하기 싫어하거든 먹지도

말게 하라 하였더니(데살로니가후서 3:10)

　　노동의 중요성을 강조하고 실천하는 가나안 농군학교가 우리나라와 세계 곳곳에 끼친 영향은 엄청나다고 본다. 세계 최빈국最貧國이었던 한국이 짧은 기간에 교회성장과 경제성장을 동시에 이룬 데에는 하나님의 각별한 섭리가 있다고 생각한다. 또한 여기에 그 동안의 한국 경제발전의 원동력인 지도자들을 훈련시키고 정신개혁운동을 주도한 가나안 농군학교의 역할이 작다고 볼 수가 없다.
　　오늘은 경기도 하남시의 제1가나안 농군학교와 강원도 신림에 있는 제2가나안 농군학교의 역사를 통하여 우리의 미래의 방향을 가늠하고자 한다.
　　해적으로 유명한 바이킹의 후손 덴마크가 구룬트비 목사와 달가스라는 지도자가 시작한 정신개혁운동으로 선진국이 된 것을 우리는 잘 알고 있다. 한국에도 그들보다 더 위대한 지도자가 있다는 것을 모르는 사람이 많아 안타깝게 생각한다.
　　하나님께서 이스라엘을 애굽에서 가나안 땅으로 인도하실 때 모세를 통해 일을 하신 것처럼 하나님은 지금도 시대 상황에 맞는 지도자를 통하여 일을 하시는 것이다.

가나안 농군학교의 출발은 어디인가?

　　19세기 말 우리나라가 일본과 주변 강국들에 시달릴 때 보였던 도산 안창호 선생의 이상촌 건설을 통한 독립과 경제자립의 비전은, 남강 이승훈의 오산학교의 설립과 김용기를 통한 가나안 농군학교의 설립으로 맥이 지금껏 이어 오고 있는 것이다.
　　일가一家 김용기(金容其, 1912~1988)는 1908년 경기도 양주에서 태어나 1931년 중국에 갔다가 농촌운동의 소명을 갖게 되었고, 1931년 청년 때에 여운혁과 함께 경기도 능내리 봉안촌에 '봉안 이상촌' 건설을 시작하였다.
　　김용기는 황무지에 하나님의 약속을 믿고 젖과 꿀이 흐르는 가나안 복지를 만들기 위하여 가족과 함께 고난의 개척자의 길을 시작하였다.
　　1946년에는 제2차 개척지인 삼각산 농장을 개간하였고, 1952년 경기도 용인에 6

김용기 장로가 생애의 마지막을
보낸 사택

만 평의 에덴향을 3차로 개간하였으며, 1954년 11월에는 제4차 개척지인 경기도 황산에서 가족들과 가나안 농장을 개척하였다.

농장 안에 학교를 세우고 가난이라는 적을 이기기 위해서는 군인과 같은 농군이 필요하다고 하여 농군학교라는 이름을 지은 것이었다. 농군학교의 교육원칙인 "일하기 싫으면 먹지도 말라!", "4시간 일하고 한 끼 먹자!" 등은 전국에 널리 알려졌다.

당시 5·16 혁명으로 집권을 하여 '나는 새도 한마디로 떨어뜨린다' 던 박정희 대통령이 농군학교를 방문하였을 때의 이야기이다. 김용기가 고구마 몇 개를 대통령 앞에 놓고 축복 기도를 30여 분 간이나 드렸다는 일화는 그분의 담대한 신념을 읽게 하는 대목이다. 김용

농군학교의 정신을 보여 주는 비석

기 선생은 농촌생활에 기쁨과 활력을 불어넣은 공로로 1966년 필리핀에서 막사이사이상을 수상하셨다.

 가나안 농군학교는 1973년에 강원도의 치악산 산골 기슭 15만 평에 또 하나의 가나안 농군학교를 세웠으며, 지금은 세계 곳곳에 가나안 농군학교가 세워져 나가고 있다.

가나안 농군학교를 찾아보기

 농군학교는 지금까지 수십만 명의 각계각층의 지도자들과 청년들을 훈련시켜 사회에 보내고 있는데, 김용기 선생은 1988년 80세에 생애를 마쳤으나 그의 가나안운동의 정신은 장남 김종일, 차남 김범일, 삼남

김용기 장로가 국가를 위하여 늘 기도하신 말씀을 새긴 비석이다.

김평일에 의하여 전승되고 있다. 근래는 필리핀과 태국, 방글라데시와 중국 등에도 농군학교 분교가 세워지고 있다.

　제1가나안 농군학교는 하남시에 있는데, 시외버스를 타면 바로 농군학교 앞에 닿을 수 있다. 제1농군학교에는 김용기 선생의 가족들이 1954년에 흙벽돌을 빚어 지은 건물이 남아 있는데, 담쟁이덩굴을 입혀서 멋있는 모양을 하고 있다. 지금도 전국에서 훈련생들이 입소하여 정신개혁운동을 받고 있으며, 특히 근래에는 효孝교육을 통한 기독교 공동체 운동에 집중하고 있다고 한다.

　제2가나안 농군학교는 영동고속도로의 원주 IC를 나와 제천을 거쳐 신림으로 오면 된다. 근래 뚫린 중앙고

속도로를 이용하면 신림 IC로 직접 접근이 가능하다.

제2농군학교는 세 부분으로 구분되어 있는데, 농사를 짓는 농토와 교회와 훈련소, 그리고 기도원과 기도처소로 되어 있다. 맨 위쪽에는 설립자이신 김용기 선생의 묘소와 기도굴이 있는데, 가족묘는 봉분이 작아 호화 묘지로 사회문제를 일으키는 저명인사들과는 대조를 보이고 있다. 그리고 묘소 위쪽에 오르면 김용기 선생이 생전에 새벽 기도를 하시던 기도굴이 있으며 입구에는 '조국이여 안심하라' 는 글귀가 새겨져 있어 일가 선생이 생전에 나라를 위하여 얼마나 기도를 많이 하셨는지를 알 수가 있다.

기도가 왜 중요하고 큰 영향력이 나타나는가?

기독교는 기도의 종교이며 성도는 기도하는 사람이다. 기도를 하는 것은 내가 하는 것 같지만 사실은 내 속에 계신 하나님의 영, 성령聖靈께서 나를 통하여 하시는 것이다. 그러므로 주님께서 기도한 것은 이미 받은 줄로 믿으라고 하신 것은 전지전능하신 성령이 나에게 복을 주시려고 이미 작정하시고 기도를 시키신 것이다.

우리도 김용기 선생처럼 목숨이 있는 동안 나와 가족과 사회, 그리고 국가와 세계 열방의 구원과 축복을 위하여 기도를 해야 하는 사명이 있는 사람이다.

나의 기도를 통하여 젖과 꿀이 흐르는 가나안이 나와 나의 주변에 나타나기를 소망하며 가나안 농군학교를 떠났다.

> † 하나님이 자기 형상 곧 하나님의 형상대로 사람을 창조하시되 남자와 여자를 창조하시고 하나님이 그들에게 복을 주시며 그들에게 이르시되 생육하고 번성하여 땅에 충만하라, 땅을 정복하라, 바다의 고기와 공중의 새와 땅에 움직이는 모든 생물을 다스리라 하시니라 (창세기 1:27-28)